対馬10
平戸新田1
平戸6
五島1
長崎県
唐津6
佐賀県
小城7
佐賀36
蓮池5
福岡47
福岡県
小倉新田1
小倉15
清末1
長府5
長州37
山口県
徳山4
岩国6
津和野4
浜田6
島根県
松江19
広瀬3
母里1
鳥取県
広島43
広島新田3
広島県
福山11
岡山県
鹿野3
若桜2
鳥取33
豊岡2
出石3
兵庫県
柏原2
篠山6
三草1
松山5
浅尾1
足守3
勝山2
津山10
新見2
岡山新田2
岡田1
庭瀬2
岡山32
三日月2
山崎1
安志1
姫路15
鴨方3
多度津1
丸亀5
香川県
高松12
赤穂2
龍野5
林田1
小野1
岸和田5
伯太1
徳島26
徳島県
大阪府
紀州56
和歌山県
田辺4
今治4
松山15
小松1
西条3
大洲6
新谷1
吉田3
愛媛県
宇和島10
高知県
土佐24
土佐新田1
大村3
鹿島2
三池1
柳河12
久留米21
秋月5
中津10
日出2
杵築3
大分県
森1
府内2
臼杵5
岡7
佐伯2
島原7
熊本新田4
熊本54
熊本県
宇土3
延岡7
人吉2
宮崎県
高鍋3
佐土原3
薩摩77
鹿児島県
飫肥5

シリーズ藩物語

本間勝喜……著

庄内藩

現代書館

プロローグ

庄内藩物語

庄内藩といえば、戊辰戦争でもっとも最後に降伏した藩として一部に知られているが、近年は鶴岡市出身の作家、藤沢周平氏の「海坂藩」のモデルの面影を求めて庄内藩の城下鶴岡を訪れる人の姿もよく見かける。

庄内藩は、元和八年（一六二二）に大藩であった山形藩最上家が改易となり、その旧領地のうち庄内に信州松代（長野県）より酒井忠勝（左衛門尉家）が入り成立したもので、もっとも北に成立した譜代藩であった。以後、十一代二百五十年近くに及んで酒井家が終始藩主を勤めた。酒井家は現在も鶴岡市在住であり、今でも特別な思いを抱いている市民も多い。

庄内藩はまた、天保十一年（一八四〇）に発令された三方領知替により、酒井家は越後国長岡へ転封、代わって武蔵国川越から松平家が入封することになったのだが、主として庄内の領民たちの反対運動によって中止となったことでも知られる藩でもある。

転封に領民たちが反対したことから、善政を専らにした藩であっ

藩という公国

江戸時代、日本には千に近い独立公国があった

江戸時代。徳川将軍家の下に、全国に三百諸侯《しょこう》★の大名家があった。ほかに寺領や社領、知行所《ちぎょうしょ》★をもつ旗本領《はたもとりょう》などを加えると数え切れないほどの独立公国があった。そのうち諸侯を何々家《け》家中《かちゅう》と称していた。家中は主君を中心に家臣が忠誠を誓い、強い連帯感で結びついていた。家臣の下には足軽《あしがる》層《そう》★がおり、全体の軍事力の維持と領民の統制をしていたのである。その家中を藩と後世の史家は呼んだ。

江戸時代に何々藩と公称することはまれで、明治以降の使用が多い。それは近代からみた江戸時代の大名の領域や支配機構を総称する歴史用語として使われた。その独立公国たる藩にはそれぞれ個性的な藩風《はんぷう》と自立した政治・経済・文化があった。幕藩体制とは歴史学者伊東多三郎《いとうたさぶろう》★氏の視点だが、まさに将軍家の諸侯の統制と各藩の地方分権が巧く組み合わされていた、連邦でもない奇妙な封建的国家体制であった。

今日に生き続ける藩意識

明治維新から百四十年以上経っているのに、今

たと思いこんでいる人たちもいるが、二百五十年近くに及んだ藩政は平坦な道を歩むようなものではなく、山もあれば谷もあった。

藩政前期には苛政もあって、大規模な逃散《ちょうさん》★があったうえ、またいつ百姓一揆が発生しても不思議でない状況に置かれた時期もあったし、藩の大事を招きかねない事件やお家騒動もあった。

十八世紀を通じて庄内藩は財政難に苦しんだのであり、そのため多くの家臣たちの家計も終始不如意であったし、農民たちは困窮し農村は疲弊が著しかった。

十八世紀末から取り組まれた寛政改革による財政・農村の立て直し、そして藩校「致道館《ちどうかん》」の創設が庄内藩にある程度の自信を取り戻させるのに役立ったように思われるし、天保の転封中止の件がますます自信となっていったといえる。寛政改革後においても財政の悪化がみられたが、幸い領内の酒田に本間家という豪商が存在したことなどから、危機的な状態に陥ることは免れたのであった。

幕末には藩政の方向の問題なども関わって党派の対立・抗争もあった末、改革派が弾圧される事件も起こった。

以下二百五十年に及ぶ庄内藩の歴史を叙述して、藩政史の実際、藩士や領民の生活史の一端を明らかにしていきたい。

でも日本人に藩意識があるのはなぜだろうか。明治四年(一八七一)七月、明治新政府は廃藩置県《はいはんちけん》★を断行した。県を置いて、支配機構を変革し、今までの藩意識を改めようとしたのである。ところが、今でも、「あの人は薩摩藩の出身だ」とか、「我らは会津藩の出身だ」と言う。それは侍出身だけでなく、藩領出身も指しており、藩意識が県民意識をうわまわっているところさえある。むしろ、今でも藩対抗の意識が地方の歴史文化を動かしている。そう考えると、江戸時代に育まれた藩民意識が現代人にどのような影響を与え続けているのかを考える必要があるだろう。それは地方に住む人々の運命共同体としての藩の理性が今でも生きている証拠ではないかと思う。

藩の理性は、藩風とか、藩是《はんぜ》とか、ひいては藩主の家風ともいうべき家訓などで表されていた。

〔稲川明雄（本シリーズ『長岡藩』筆者）〕

諸侯▼江戸時代の大名。
知行所▼江戸時代の旗本が知行として与えられた土地。
足軽層▼足軽・中間・小者など。
伊東多三郎▼近世藩政史研究家。東京大学史料編纂所所長を務めた。
廃藩置県▼藩体制を解体する明治政府の政治改革。廃藩により全国は三府三〇二県となった。同年末には統廃合により三府七二県となった。

▶**逃散**＝農民が他領に逃亡する。

シリーズ藩物語

庄内藩

目次

第五章　天保期の庄内藩

三方領知替も農民の力で跳ね返す。

第六章 幕末期の庄内藩

蝦夷地警護や江戸取締りなど、幕府に忠節を尽くした。

これも庄内

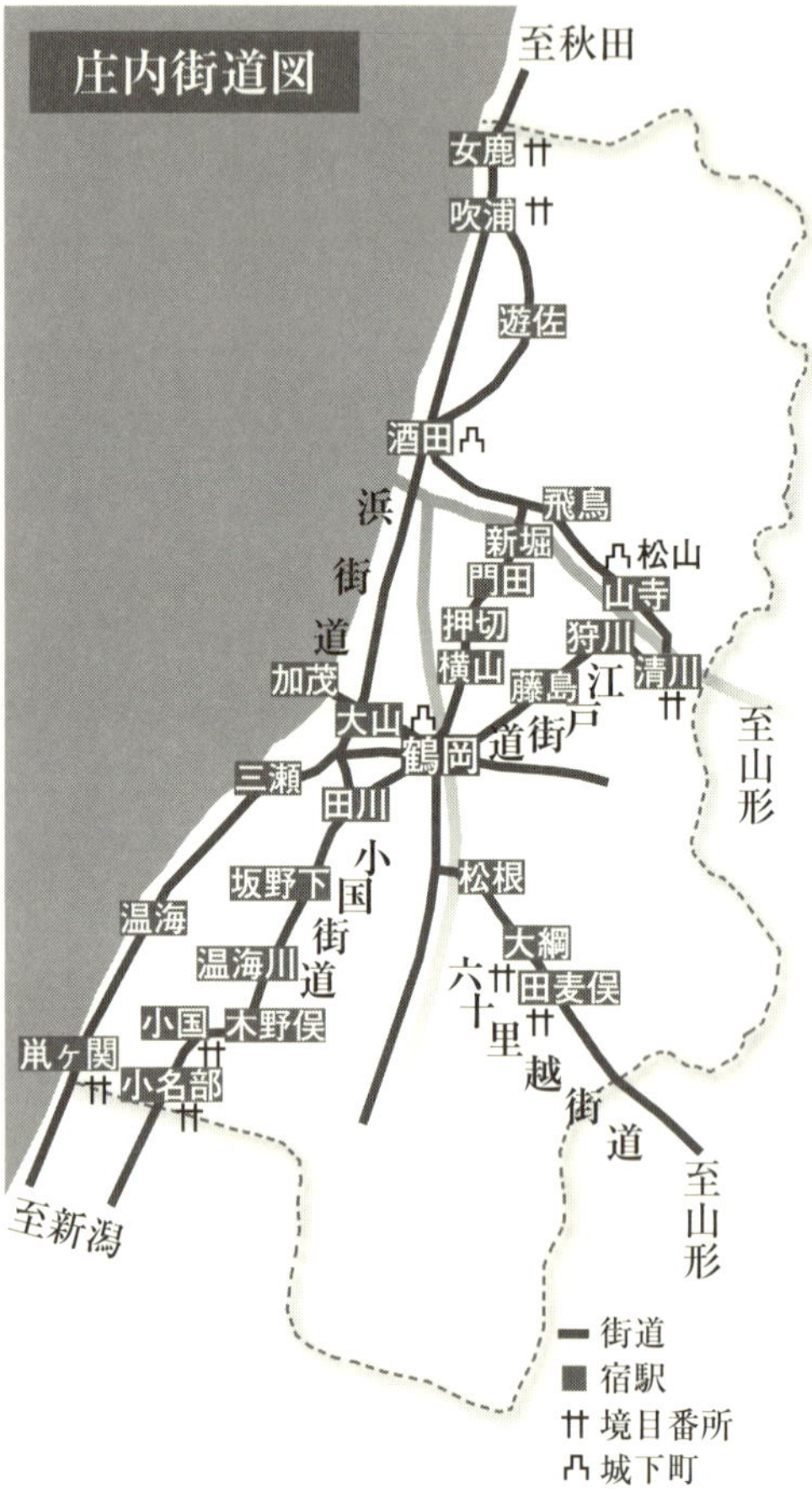

庄内街道図
至秋田
女鹿
吹浦
遊佐
酒田
浜街道
飛島
新堀
松山
門田
山寺
押切
狩川
横山
清川
加茂
藤島
江戸街道
大山
鶴岡
至山形
三瀬
田川
小国街道
松根
坂野下
温海
大綱
温海川
六十里越街道
田麦俣
小国
木野俣
鼠ヶ関
小名部
至新潟
至山形
街道
宿駅
境目番所
城下町

第一章 庄内藩の成立

徳川家第一の譜代酒井忠勝が庄内に入部し立藩。

1 庄内入部以前の酒井家

三河以来徳川家の庶流といわれてきたことを誇りとした、酒井左衛門尉家。
徳川四天王筆頭として、徳川幕府創設に力を尽くした。
藩祖忠次は家康との確執もあったようだが、石高も次第に加増された。

酒井家の出自

庄内藩は元和八年（一六二二）の創設以来、明治初めまで約二百五十年間にわたり、藩主は代々酒井左衛門尉家が勤めた。現在も酒井家は鶴岡市在住である。

酒井左衛門《さえもん》尉《のじょう》家《け》は、『徳川実紀《とくがわじっき》★』（第一篇）の記すところによれば、徳川家の祖松平親氏の長子が酒井徳太郎忠広であるとしていて、徳川将軍家の庶流《しょりゅう》★であるといわれており、現在もそのように信じている人も多い。なお、徳太郎忠広は「酒井家系図」ではいずれも広親とされている。

しかし、『岡崎市史』（中世2）では、「親氏・広親時代の酒井氏については相当の作為が感じられ、伝承としての安定度は低い」し、松平（徳川）家との関係において「庶子伝承はまことにあやふやであるといわなければならない」と記しているように、酒井家を徳川家の庶流とするには相当に疑問があるようである。

▼『徳川実紀』
江戸幕府編纂の史書。初代将軍家康から十代家治までの事績をまとめた。

▼庶流
分家。

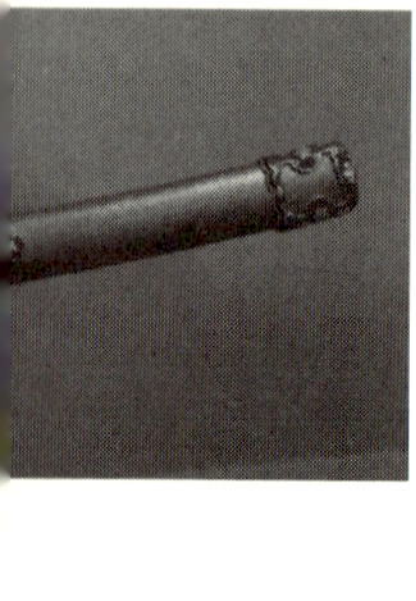

ちなみに、弘治三年（一五五七）十一月の時点で松平（徳川）家に老臣にあたるとみられる奉行衆七人がいたが、そのうち三人が酒井姓であった。酒井将監《しょうかん》（忠尚）、同雅楽助《うたのすけ》（政家）、同左衛門尉（忠次《ただつぐ》）である（『岡崎市史』）。

右のうち、将監（忠尚）と左衛門尉（忠次）の関係であるが、『新編庄内人名辞典』では、忠次について「三州井田の城主酒井忠善《ただよし》の嫡男」として、特に将監について記すところはない。しかし、煎本増夫「酒井忠次の生涯」（『歴史読本・徳川四天王』）では、将監は忠次の兄であるが分家したし、三河の一向一揆をはじめ、たびたび謀反を起こし、ついには家康のもとを離れたとする。

斎藤正一『庄内藩』では、酒井家のほうに残る諸系譜を検討したうえ、忠次は直系ではなかったが、反逆児であった将監を追い出した事実を系譜に残したくないために、酒井家ではいろいろ系譜に手を入れた可能性があることを述べている。なお、『岡崎市史』では諸家に伝わる系図のうち、旧旗本酒井半三郎家の系図が正しいと考えられるとしているが、それによれば、将監忠尚と左衛門尉忠善が兄弟であり、忠次は忠善の子であるとある。すなわち、忠次は将監の甥であるとする。

将監が徳川家を離れることによって、忠次が酒井左衛門尉家の本流になったものとみられる。なお、『岡崎市史』によれば、奉行衆になるのは将監よりも忠次のほうが早かったのであり、分家ではあったが忠次のほうが主君の信頼が厚かっ

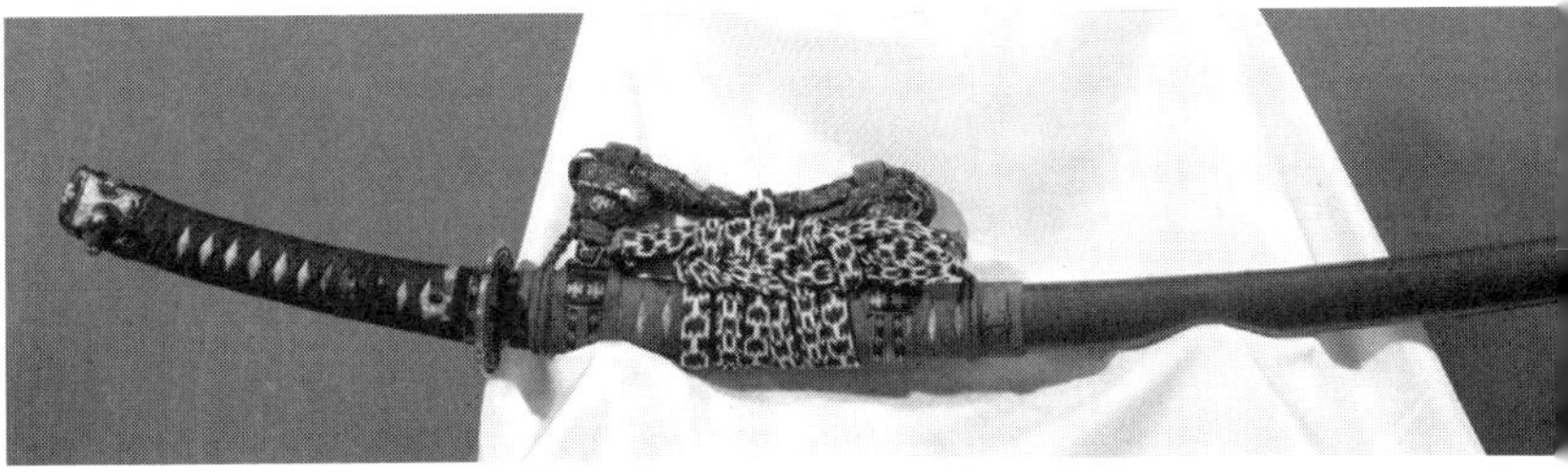

酒井忠次が織田信長から拝領した太刀
鎌倉時代の作で銘は「真光」。国宝
（致道博物館蔵）

たとみられる。

徳川四天王筆頭の酒井家

次に、左衛門尉家と雅楽助（雅楽頭）家との関係であるが、江戸幕府が編纂した『寛政重修諸家譜』では、「今の呈譜に雅楽助広親は親氏君の男にして、母は酒井与右衛門某が女なり、三河国幡豆《はず》郡酒井村に生れしより酒井を称し親氏君につかふ」と記しており、それに対し左衛門尉家の分については松平（徳川）家との関係について記していないように、どうやら雅楽頭家を本流の扱いにしているといえる。

『鶴岡市史』（上巻）では、酒井家の祖広親《ひろちか》の子が二人いて、兄を氏忠《うじただ》として本家左衛門尉家を継いだとし、弟を家忠《いえただ》として雅楽頭家の祖とする。

先に紹介した旧旗本酒井半三郎家系図では、将監の父忠親の弟を与四郎親重《ちかしげ》とし、これが雅楽頭家の祖と記しているようである。

今の時点では、酒井家の本流は左衛門尉家

「徳川十六将図」中央上が家康、左の一番上が酒井忠次（狩野秀信作、致道博物館蔵）

であり、雅楽頭家はかなりのちに分家となった家とみてよいと判断される。江戸時代には雅楽頭家のほうから大老・老中などが出て勢いがあったので、『寛政重修諸家譜』ではその点に配慮して雅楽頭家を本流の扱いにしたものと思われる。

いずれにせよ、酒井忠次が徳川家康に仕えて活躍し、四天王の筆頭の地位にあったという事実は否定しようがない。忠次が徳川家の天下取りに向けて果たした役割は極めて大きいものであった。酒井（左衛門尉）家では忠次を中興の祖とし、当主の代数も忠次を基点とする。

忠次は眼病のため天正十六年（一五八八）に隠居した。徳川家の関東移封の少し前であった。

忠次の嫡男が家次である。父忠次のあとをうけて三州吉田（豊橋市）三万石を継いだが、二年後の関東移封では臼井（千葉県）三万石にとどまった。この時、四天王と目された中で、井伊直政の箕輪（群馬県）十二万石、本多忠勝が大多喜（千葉県）十万石、榊原康政が館林（群馬県）十万石と、いずれも十万石以上になったのに比べ、大いに見劣りがする。

酒井家の処遇

どうやら家次は主君家康にあまり評価されていなかったようである。『徳川実紀』（第一篇）では、慶長十八年（一六一三）正月の歳首の賀使として、江戸の将軍秀忠より駿府の大御所家康のもとに派遣された家次であったが、家康の御前で失策をして家康の機嫌を損ねたが、そばにいた側室の阿茶《おちゃ》の局《つぼね》が庇《かば》ってくれて、★ようやく家康が機嫌を直したという芳しくない逸話を載せている。

右の逸話からも家次は、父忠次とは違って、能力のある武将とはみなされていなかったようである。

酒井家の親族であった老中松平伊豆守（信綱）も家次について、「気随にて御奉公も申上げられず候よし……夫ゆへ大名にも仰付けられずと相見へ候」（『雞肋編』★上巻）と評していて、家次がわがままのため勤めが不十分だったので、大きな大名になれなかったとする。

ただ、酒井家には家次がその頃に伊達政宗を茶の湯に招待した書状が残されており、それらを見ると、家次は自分なりに徳川家のために働いていたことがうかがえるようである。

家次が臼井三万石と冷遇されたことをめぐって、『徳川実紀』（第一篇）に載せる逸話として、父忠次が不満を家康に申し上げた時、織田信長の命令で切腹させられた長男三郎信康についてふれて、家康は「三郎今にあらばかく天下の事に心を労すまじきに、汝も子のいとほしき事はしりたるやと仰せければ、忠次何ともいひ得ず、ひれふして在しとか」との記述がある。

▼家康の御前で烏帽子を落としたが、その下に綿帽子もかぶっていたので、年寄りならばともかく、壮年の家次が老人の真似をしているのはもってのほか不届であるとして、家康は大変機嫌を損じたのであった。側にいた阿茶の局が「家次は風邪のため登城できないほどであり、どうしたらよいであろうかと内々で自分に相談してきたので、将軍の名代の身で登城しないでは駿府城での元日の儀式が整わないことになるから、烏帽子の下に綿帽子をかぶっていくようにと助言した」と、かばったところ、家康は機嫌を直したというもの。

▼雞肋編
庄内藩家臣の加藤正従が文化三年（一八〇六）から天保五年（一八三四）にかけて編集した庄内藩資料集。

「長男信康が今に生きていれば、政権獲得などに自分が思い煩うこともないであろうに。その方も子供がかわいいものであることを知っているのかと仰せられたので、忠次は何とも答えることができずに平伏したままであった」

確かに、忠次は信康の件で信長のもとへの使者として勤めたが、『岡崎市史』(中世2)では、信康の切腹の件は家康のほうから信長に申し出て承認されたようであり、そのとおりであればそのことについて忠次に大きな責任はなかったといえる。

ところが、江戸時代には先の逸話が信じられていて、酒井家にあっても、少なくとも江戸時代中頃の四代藩主酒井忠真《ただざね》の代までは一種のトラウマとなっていたように考えられる。

酒井家は臼井三万石から次第に加増されて、ついには三代当主忠勝の時に庄内藩十三万八千石を領することになった。

以下、十一代二百五十年近くにわたる庄内藩の歴史を略述したい。

表1　酒井家の領知高

永禄7	1564	吉田	3万石
天正18	1590	臼井	3万石
慶長9	1604	高崎	5万石
元和2	1616	高田	10万石
元和5	1619	松代	10万石
元和8	1622	庄内	13万8千石
寛永9	1632	庄内	14万石
元治1	1864	庄内	16万7千石

(注)石高は概数である。

表2　庄内藩の歴代藩主(酒井家)

代数	名前	藩主在職期間
初代	忠勝	元和8.8～正保4.10(西暦1622－1647)
2代	忠当	正保4.12～万治3.2(1647－1660)
3代	忠義	万治3.5～天和1.11(1660－1681)
4代	忠真	天和2.2～享保16.8(1682－1731)
5代	忠寄	享保16.10～明和3.3(1731－1766)
6代	忠温	明和3.5～明和4.1(1766－1767)
7代	忠徳	明和4.2～文化2.9(1767－1805)
8代	忠器	文化2.9～天保13.4(1805－1842)
9代	忠発	天保13.4～文久1.8(1842－1861)
10代	忠寛	文久1.8～文久2.9(1861－1862)
11代	忠篤	文久2.12～明治1.12(1862－1868)

(注)『新編庄内人名辞典』より作成。

② 酒井家の庄内入部と家臣団

外藩警守の大任を担い庄内へ入部した酒井忠勝。
領内には、鶴ケ岡城と亀ケ崎の二城があったが領内支配の観点から、
鶴ケ岡を居城とし、城郭や家臣団・職制を整備した。

忠勝の庄内入部

元和八年（一六二二）七月、山形・最上家が改易されたことにより、その旧領は譜代大名ら数家に分与された。

中心である山形城は鳥居忠政に与えられた。

酒井忠勝は庄内三郡（田川・櫛引・遊佐）十三万八千石余を賜った。

庄内藩の正史『大泉紀年』（上巻）の記すところによれば、庄内への転封を命じられた際に、忠勝は松代十万石より庄内十三万八千石へと領知が増加することは大いに歓迎しながらも、庄内への転封はあまり喜ばず、どうせ出羽国に領地を移されるのであれば、付属地のような庄内ではなく、府城《ふじょう》★のある山形で拝領したいと望んだのであったが、幕府老中たちに、庄内は軍事上重要な地であり、武門の誉れのある酒井家を将軍秀忠が特に指名したのであるからと説得されて、よ

▼府城
国府の城。

酒井忠勝（致道博物館蔵）

うやく納得したのだといわれる。実体は山形城を拝領した鳥居家の一族として庄内を拝領したのであった（『鶴岡市史』上巻）。忠勝の正室は鳥居忠政の娘であった（明法院）。

なお、村山郡ながら、弟の酒井直次と酒井忠重には左沢藩一万二千石と白岩領八千石がそれぞれ与えられたので、酒井家としては合わせて約十六万石に及んだ。酒井忠勝は、徳川家創業期の第一の功臣で徳川四天王の筆頭にあげられる酒井忠次の嫡孫であり、父親が酒井家次である。譜代の名門としての高い誇りがあったとみられる。

元和四年四月に父家次の遺領の越後高田（新潟県上越市）十万石を継いだが、翌五年三月に信州松代（長野市）十万石に移り、そして三年後に庄内十三万八千石に転じたのであった。文禄三年（一五九四）の生まれなので、庄内入部の時は数え二十九歳の青年藩主であった。

忠勝は庄内転封を命じられると、直ちに家臣の角田儀右衛門（知行二百石）を密かに庄内に遣わし、庄内の予備調査を命じた。領地となる庄内の地勢、産物、人情などをあらかじめ把握しようとしたのであった。儀右衛門は熊野山伏の姿となって庄内全域を踏査したうえで、松代に戻って忠勝に詳細な報告を行った（『新編庄内人名辞典』）。

また忠勝に先立ち、家老の高力《こうりき》但馬守《たじまのかみ》らが庄内に入り、十月中に鶴ヶ岡・亀ヶ

酒井忠勝筆の和歌色紙
むらさめの　つゆもまだ　ひぬ　まきのはに
霧たちのぼる　秋の夕暮れ

崎（酒田）両城を受け取るとともに、領内村々の水帳（土地台帳）も受け取った。少し後には、出張してきた幕府役人より正式に領地を受け取ったが（『大泉紀年』上巻）、これも高力但馬守が代行したとみられる。

忠勝自身は十月中に松代を出発したので（同前）、十一月に庄内に到着したとみられる。

城郭の整備

入部と同時に家臣たちに加増を実施した。例えば、角田儀右衛門は百石加増となり知行三百石となった（同前）。

庄内入部にあたり、忠勝には直ちに決めておくべき重要な問題があった。江戸時代中期の郷土史家志田則富の著作『鶴ヶ岡昔雑談』などで紹介されていることであるが、当時庄内には鶴ヶ岡城・亀ヶ崎城の二城があったことから、どちらを居城（本城）とするかという問題である。

忠勝は重臣たちと評議したうえで、要害という点では酒田の亀ヶ崎城のほうがはるかに堅固であるものの、商業の盛んな湊町の酒田を避けて、領地・領民支配を重視して、小城の鶴ヶ岡城を本城としたのである。支城である亀ヶ崎城には家老級の城代が派遣されることが多かった。

亀ヶ崎城図（酒田東高等学校蔵）

江戸時代の鶴ヶ岡城と町人町図（一部）

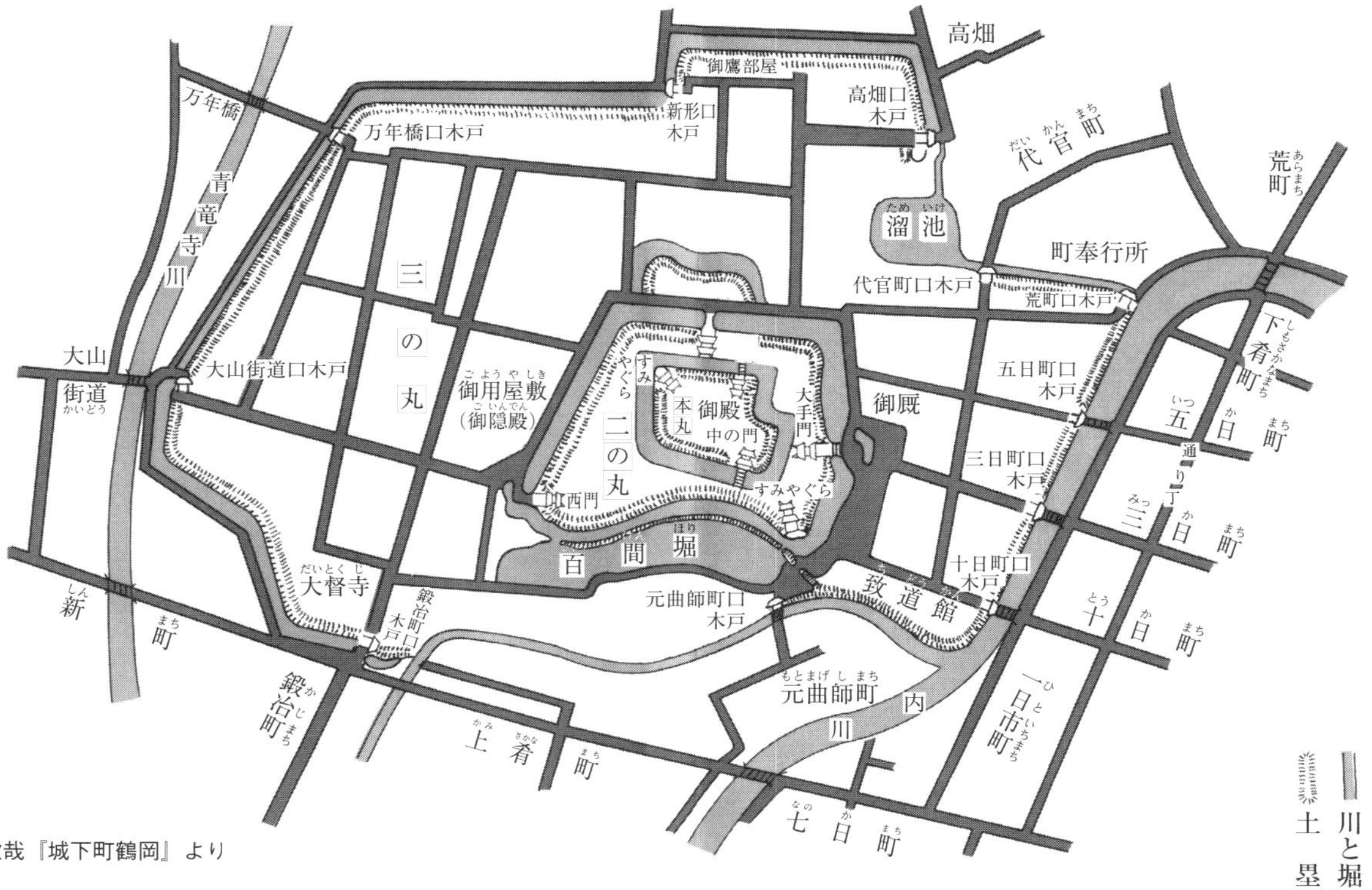

大瀬欽哉『城下町鶴岡』より

入部当時の鶴ヶ岡城は本丸・二の丸しかない規模の小さな城であった。時はすでに元和偃武《げんなえんぶ》★の世になってはいたものの、庄内藩の本城に相応しい城池★にするため、城郭の拡張ばかりでなく、鶴ヶ岡全体を城下町として整備する必要があり、入部すると直ちに大がかりな工事が開始された。

それまで城近くに置かれていた町人町を外堀にあたる内川の外側に移して、三の丸を取り立てた。

大手が東向きであったので、三の丸のうち東側には重臣たちの屋敷が配置され、残り三方には中級家臣たちの屋敷を置いた。また藩主酒井家の菩提寺大督寺や家臣たちに支給される物成米《ものなりまい》★を保管する七ツ蔵も設置されたし、会所など重要な藩役所も主に三の丸に置かれた。のちに藩校致道館も三の丸のうちに移された。

三の丸には出入り口として一一の口を設けたが、これは吉の字に因んだものであった。それぞれに木戸が設けられて、商人などの出入りを監視した。

城池の修築は入部後六十年余の間継続して行われ、ようやく終了した(『鶴岡市史』上巻)。

城郭の拡張・整備とともに町割も実施されて城下町としての形態が整えられた。

城や家臣屋敷を一部取り巻くように、主要な道路である「通り丁」が通っていて、その「通り丁」に沿った形で、北から荒町、下肴町、八間町、五日町、三日町、十日町、南町、一日市町、七日町、上肴町、新町、鍛冶町、檜物町、銀町と

▼**元和偃武**
元和元年の大坂夏の陣を最後に戦乱がやみ、太平になった。

▼**城池**
城と堀。

▼**物成米**
主として支配者側からみた年貢米。

一四の町人町が置かれた。なお、荒町より新町までが商人を主とする町で、鍛治町以下の三町は職人町であり、しばらくの間は町役などが免じられたので、伝馬などは一一町が交代で勤める形になっていたが、のちに商人などが結構住むようになり、職人町も町役を負担するようになった（『鶴岡市史』上巻）。

家臣団の構成

松代十万石から庄内十三万八千石になったうえ、入部後の検地で大幅な改め出し★があったことから、藩主忠勝は寛永元年（一六二四）に幕府に対し二十万石の軍役を勤めたいと願い出たが許されなかったとはいえ、庄内藩では兵力を確保するため藩士の軍役を定めるとともに、新規に多数の家臣を召し抱えて有事に備えることにした。

庄内藩の家臣は家中《かちゅう》と給人《きゅうにん》に大別される。家中は知行取《ちぎょうとり》★であるのに対し、給人は切米《きりまい》・扶持米《ふちまい》★取であり、両者の間には画然とした身分の差があった。

元和八年（一六二二）から慶安三年（一六五〇）まで多数の浪人を召し抱えているが、『大泉紀年』によれば知行取である家中は二〇二名に及んでいる（『鶴岡市史』上巻）。記載洩れの者も結構いたことであろう。

右の二〇二名の新規召抱え者のうち四分の一弱の四七名が最上家改易による最

▼改め出し
検地による反別・高の増加分。

▼知行取
一定の土地を与えられ、そこからの年貢米などを俸禄とする。

▼切米・扶持米
米で支給する給与。

上浪人であるが、最上浪人は寛永十年までに大半の四二名が召し抱えられていた。

その後慶安元年頃からは藩士の二、三男が小姓などに召し出され、間もなく知行を与えられる者が多くなるようである。

ただ、反面暇をとって離藩する者や藩主忠勝の逆鱗にふれて成敗されたりする者も結構いたので、寛永十年代後半（一六四〇年頃）の知行高別の家中の人数は表3のようであり、合わせても四八三名にとどまった。

禄二十五石が一名いたが、残りはすべて五十石以上であり、庄内藩では本来知行取である家中は五十石以上であったとみられる。最高は家老高力喜兵衛《こうりききへえ》で四千石であったし、もっとも人数が多かったのが百五十石であり、大体百石～二百石の家中が中核となっていた（『雞肋編』上巻）。

表3　忠勝時代知行高別家中人数

石　高	人　数
2,000石以上	3
1,500	2
1,000	10
900	2
800	3
700	4
600	5
500	11
400	19
300	41
250	23
200	87
150	127
100	114
50	31
25	1
	合計 483人

（注）『鶴岡市史』上巻による。

徒や足軽などの下級家臣である給人は約二千人いたとみられる。家中も給人も徐々に増加していったようである。

藩の職制

ここでは主に『鶴岡市史』（上巻）を参考にして、庄内藩の主な職制について紹介してみよう。

（一）城代

庄内藩には鶴ヶ岡城と亀ヶ崎城（酒田）の二つの城があったことから、支城亀ヶ崎城には基本的に城代を置き守備させた。初代の城代松平甚三郎《じんざぶろう》久恒《ひさつね》は藩主忠勝の叔父であった。以後、この職には家老級の重臣が任命されたが、藩政の中枢から外れることになり、実際には閑職であった。適任者がいない時には組頭が一カ月交代で派遣されて在番することもあった。

（二）家老

家老は藩主を補佐するとともに藩政を総理する職であり、事の大小を問わず家老の手を経ないものはない。三、四人から五、六人おり、千石以上の士から家柄・人物によって選任された。ほとんどは高力、松平、石原、水野、竹内、酒井、里見等の名門から出た。

(三)中老

中老は家老職見習いであり、家老の候補者であった。元禄七年(一六九四)に初めて設けられた時は二名であったが、時に数名になったり居ないこともあった。中老でも藩主の信任を得た時には家老を差し置いて藩政の実権を握ることもあった。

(四)組頭

組頭は家中(知行取)組の頭で、七、八人いた。家中は二五人をもって一組とする組に組織され、二組に一人の割合で組頭が置かれた。組頭は家柄のよい六百石以上の高禄者から選ばれる名誉ある役職であり、この職から城代や中老・家老に昇進する者も多かった。

(五)大目付

大目付は家老に属し、家臣の非違をただす職であった。大目付は二百石以上の家中から選ばれたが物頭を経てこの職に就く者が多かった。徒目付、足軽目付を配下とした。

(六)郡代

郡代は「司農」とも称せられたように農政を総轄する職であり、同時に藩の経済を司る役でもあった。通常二、三人いたが、三百石以上の家中より選任された。農政改革で主導権を発揮する者もいた。

（七）郡奉行

郡奉行は土地、人民、普請及び山林治水のことを司るほか、郷方の公事訴訟・罪人の取り締まりを担当した。郡奉行は禄百石以上の家中より選任された。

（八）代官

代官は領内八組に各二名ずつ計一六名の定員であった。その職分は作毛の検見、年貢米の賦課収納、農業の振興等が主な任務であったが、そのほか火事・難破船の吟味なども取り扱った。それに、郷方支配に関わる重要な文書には郡奉行と連署した。

（九）町奉行

町奉行は鶴ヶ岡・酒田両城下町におかれ、町政を担当したが、郷方の重罪人の裁判なども取り扱った。二百石くらいの家中から選任され、配下に同心が数名いた。

以上であるが、公事を審理し、また藩の重要な政務を処理する役所として会所が設置されていた。慶安元年（一六四八）の御達しでは毎月四日、十四日、二十五日の定日に家老、組頭、郡代、町奉行、郡奉行、大目付が会合し政務を打ち合わせた。定日以外の日は月番が出勤し取調べにあたった。なお、文化十三年（一八一六）に藩校致道館《ちどうかん》が下山王社の東隣から三の丸に移転したが、その際会所が取りこわされて、以後は会所を建てず、政教一致の立場から重職たちは学校に集まって政務を議した。また行政事務を処理する役所として、翌十四年に学校の東隣に郡代役所が新設され執務することになった。

無役の士は一カ月一回「御番」と称して城内に勤番し、番頭の指揮のもとに一昼夜藩主の判物を収めた長持の番をなしたし、百石以下の家中は大手門及び西に勤番して城の警衛にあたった。

役持ちか否かを問わず、一カ年交代で江戸勤番があり、各組頭に付随して江戸に登り、江戸藩邸の長屋に住居した。

③ 郷村と城下の支配構造

郷村では一斉検地を実施し、定免法を採用、城下では司法・警察制度など、支配体制を確立し、年貢米は上方廻米を実施し利益を計った。

一斉検地の実施

庄内藩は成立の翌年元和九年（一六二三）から翌年寛永元年にかけて、領内に一斉検地を実施した。もっとも山村や漁村の一部には実施されない村もあった。田地の生産力を把握し、藩の財政の基礎である年貢を最大限確保するのに不可欠であった。

最上家の時代の土地制度は刈高《かりだか》制★であり、藩で把握していたのは田地の稲の刈り数と年貢高にとどまっていた。庄内藩ではそれを改め、田地の生産高を把握すべく石高《こくだか》制★を実施した。

元和検地により、庄内藩では高五万三千石に及ぶ増石があった（「酒井家世紀」巻之三）。その結果、内高《うちだか》★が十九万一千石余になったわけである。

庄内藩では直ちに幕府に増石のことを届け出るとともに、今後二十万石の御役

▼刈高制
刈り取った稲の束数によって、田地の広さを表示するものであるが、それに伴って把握されたのは年貢高であった。

▼石高制
検地によって定められた耕地の生産高を石高で表す制度。

▼内高
実際の領地高。

儀を勤めたいと願い出たのであるが、許可されなかった（『大泉紀年』上巻）。藩主忠勝の家格上昇への強い思いがうかがえる。

庄内藩では、その後宝暦二年（一七五二）頃にも再検地案が浮上したが実現されなかったのであり、結局元和検地が唯一の総検地だったことになる。なお、寛文九年（一六六九）、寛政の改革期、慶応三年（一八六七）に一斉の水帳《みずちょう》改め★が行われた。

定免法の採用

元和検地による大幅な石高の増加を踏まえて、寛永二年（一六二五）に定免法《じょうめんほう》★を実施した。『大泉紀年』（上巻）には、同年九月のこととして「当年より郷中百姓前、定免年貢御訴訟申上候分江奉行所より印章を与へらる」とあり、定免法を希望して出願した村のみに対して許可状を与えたとするが、後出の遊佐郷大肝煎高橋太郎左衛門の事件★などからも、実際には全領的に強制したものであったとみられる。

生産力が十分に安定しない十七世紀前半という早い時代での定免法の実施は領民にとっては困窮をもたらす要因となった。そればかりでなく、庄内藩は最大限の収入を得るべく、領民間の商業・金融の取引を原則的に禁止したこともあり、

▼水帳改め
水帳＝検地帳の書き改め。

▼定免法
過去五年～二十年の平均租額により徴税額を定める。

▼高橋太郎左衛門の事件
三九頁参照。

検地の図
（『目で見る庄内農業史』より）

寛永前半の凶作と相俟って、農民は疲弊し、由利・秋田方面など他領への大量の欠落《かけおち》★を招くことになった。

藩は定免法の実施だけでなく、同じ寛永二年の十月末には高百石についての小役（小物成《こものなり》）★を定めており、これらは後出のような地方知行制《じかたちぎょうせい》★に関して、地頭《じとう》★に大きな制約を与えることになったとみられる。つまり、藩政初期において地方知行制が基本であったとみられるが、すでに初期からかなりの制約のもとに置かれていたことになる。

郷村支配のしくみ

初期の農政の進行とともに、村落支配のしくみも整備されていった。

庄内藩は最上川を境にして領内を大きく二つに区分した。最上川の北側を川北、南側を川南と呼称した。江戸時代の庄内は初め田川、櫛引、遊佐の三郡であったが、寛文四年（一六六四）幕府の命により田川・飽海《あくみ》の二郡に改められた（『荘内史年表』）。基本的には川南が田川郡、川北が飽海郡である。

そして、川北を遊佐郷、荒瀬郷、平田郷の三郷に、川南を狩川通、中川通、櫛引通、京田通、山浜通の五通に区分し、合わせて八つの組を設定した。各組に二名ずつの代官を任命したので、代官は常時一六名いた。なお、各代官所は代官と

▼**欠落**
農民が村から逃げ出すこと。

▼**小物成**
本年貢以外の雑税の一種。

▼**地方知行制**
家臣に一定の土地の領主権を分与し直接支配させる制度。

▼**地頭**
知行所を持つ家臣。

なった家臣の屋敷のうちに置かれたので、いずれの代官所も城下鶴ヶ岡のうちにあったわけである。

さらに八組にはそれぞれ数組の組合村（組）が置かれ、各組（組合村）には数カ村から二十数カ村の村が属した。

それらの各組（組合村）には、大肝煎（のちに大庄屋と改称）が任命された。大肝煎は地侍らの出自を持つ有力者が多かったとみられる。大肝煎は酒井家入部直後からみられたが、全領的な任命は寛永八年（一六三一）四月のことであったとみられる（『大泉紀年』上巻）。

大肝煎の給米は当初一〇俵か二〇俵程度であったが、後述の高橋太郎左衛門の事件の後、寛永十五年に一律に知行百石が与えられた。ただ、近世中期以降に大庄屋の異動が多くなり、それにより大庄屋にも知行取と扶持米取の両方が存在するようになった。

農村には、ある程度の田畑・高を所持する本百姓と、田畑・高を所持しないか、所持しても若干しか所持しない名子《なご》・水呑がいた。村は村請制のもと年貢や諸役賦課の単位となっていたこともあり、村役人として肝煎、組頭（のちに添役と改称）、長人《おとな》百姓（長人とも）の三役が置かれた。長人百姓は一般的には百姓代に相当するが、庄内藩の場合は小前百姓の代表といった性格は弱かったようにみられる。そのためもあり、必要な場合に臨時的に百姓惣代の役も置かれることがあった。

参考までに、幕末の時点で、庄内藩は内高十九万三千石余、村数が六四〇カ村ほど、戸数二万一千余あったので（『荘内史要覧』）、平均的な村は高三百石、戸数三二戸程度であったといえる。

町・村には五人組が置かれており、庄内藩でも慶安元年（一六四八）十一月に出された法令の中に「五人組」の語句があるように（『大泉紀年』上巻）、同年までに領内にも五人組が設定されていたことが確認できる。

町奉行と同心・目明

本城の置かれた鶴ヶ岡には、家臣たちの住む武家町のほかに、主として町人たちの住む町人町が一四町あった。

それらの町人町と町人などそこに居住する住人たちを対象にして民政が行われた。治安の維持も任務であった。民政及び治安を担当したのが町奉行所である。

町奉行所は初め五日町の内川端右岸に置かれた。付随して町奉行の役宅も置かれた。ところが正徳二年（一七一二）四月の火災で類焼したので、翌三年十一月に同じ内川端ながら左岸の元長泉寺屋敷に移転した（『鶴岡市史』上巻）。

町奉行所の責任者が町奉行で知行二百石程度の家中から任命された。町人たちは日頃「旦那」と称して敬意を表していた。

江戸時代前期には一時二名の町奉行が在任していたこともあったが、大体は一名であった（拙著『江戸時代の庄内を彩った人たち』）。

町奉行の配下の役人として、江戸などのように与力《よりき》★は置かれず、同心《どうしん》★が数人置かれたが、時代とともに増加の傾向にあった。

同心は主として町の治安にあたるものであり、その職務は昼夜の町回り、火の用心、犯罪者や怪しい者の捕縛、出火時の火消組の指揮、町人生活の取締り、牢屋の管理などであった。犯罪者逮捕のために同心は武術に励んだ。身分は足軽とほぼ同格であり（『鶴岡市史』上巻）、嘉永二年（一八四九）の「小分限帳」（致道博物館文書）には、人数が八名でその切米高は合わせて五十六石であったので、平均して一人七石であった。

同心の下に十数人の目明《めあかし》がおり、犯罪の捜査、犯人の逮捕に当たった。目明は町人身分の者と町離《ちょうり》身分★の者との両者がいて、町人身分の者は旅籠屋、下旅籠屋、床師等の家業に従事していることが多かった。目明の任免は家老の決裁をもって行われたし、若干の手当も受けていた（『鶴岡市史』上巻）。

▼与力
町奉行の配下。

▼同心
一般には、与力の下の下級役人。

▼町離身分
差別された人たち。

大庄屋と年寄

町人たちのトップの役として大庄屋の役職が置かれた。江戸時代前期には大肝煎と称したが、中期に入り大庄屋と改称された。

大肝煎そして大庄屋は二名おり、三日町の川上四郎右衛門と一日市町の宇治勘助の両家が世襲して勤めた。両家とも最上氏時代から三日町及び一日市町の肝煎を勤めていた有力町人であった。

大庄屋の役目は、藩や町奉行所からの御触れなどを町々に布達したり、道路・河川などの普請に際し町ごとに人足の割り当てをしたり、通行手形への出判《ではん》、伝馬の手配、町々よりの願書への加判《かはん》★など多岐に及んだ。具体的な勤務の様子などは三日町川上四郎右衛門の記録が『鶴ヶ岡大庄屋川上記』（上・下二冊）として刊行されていて詳しい。

大庄屋としての給米はしばらくの間、川上家が一八俵、宇治家が一〇俵であったが、享保二十年（一七三五）に宇治家の給米が八俵増やされて一八俵となったので、川上家と同じになった。

右の給米の件も含め、大庄屋両家はどちらの家が家格が上であるかをめぐって争論したこともあった。家格をめぐる争いは町大庄屋と郷方大庄屋との間でも城中の席順などをめぐって行われたこともあった。

なお、両大庄屋はそれぞれ三日町と一日市町の肝煎を兼務したので、その分の給米もあったわけであるし、城下近郊の村に田地を所持して、手作したり、小作

▼加判
連名で署名捺印し、文書が正規な手順で提出されたものであることを証明。

地として貸し付けたりして、家計の補いをしていた（『道形史』）。

町大庄屋は苗字は早くから許されていたようであるが、帯刀はようやく寛政十年（一七九八）に御免となった（「宇治家勤書」鶴岡市郷土資料館）。

大庄屋を補佐するものとして町年寄の役職が置かれていた。一日市町の野坂徳右衛門（越前屋）、同町の芳賀次郎右衛門、三日町の中村惣右衛門（くつわ屋弥兵衛）の三家がやはり世襲して勤めた（『鶴岡市史』上巻）。

元和九年（一六二三）より一時町年寄三家にも給米として扶持米が与えられたものの、その後返上したという（「自娯抄」、「筆濃余理」付録）。

町年寄の役目が大庄屋を補佐することといっても実際にはほとんど町政の表舞台に出てくることはなかったし、数十年に一回程度実施された鶴ヶ岡城内の兵具改めに立ち会うことぐらいしか特に定まった役目がなかったので、事実上名誉職であった。そのため三家とも別に家業があったとみられる。

元禄頃から鶴ヶ岡・酒田両町にも豪商が存在するようになって、藩に多額の御用金・才覚金・寸志金★を提供するようになると、城中などでの町人の席順は本来大庄屋、町年寄、御用商人の順であったのに、一部の有力商人が町年寄よりも上位に位置するようになったことから、町年寄三家は元どおりの席順に戻すようにと何度か歎願したことがあった。家格に関わる大事と考えられたからであろう（『江戸時代の庄内を彩った人たち』）。しかし、藩財政の悪化が進行する中で、財力

▼**御用金・才覚金・寸志金**
財政難を補うため臨時に賦課する金銭を、いろいろな名で呼んだ。御用金・才覚金は借金なので、返済しなければならないが、寸志金は献じられたもので返済する必要がない。

のある有力商人を厚遇するという傾向は一層強まっていったので、町年寄三家は隠忍せざるをえなかった。

肝煎と長人

一四の町々には各町に長として肝煎が置かれた。新町のみに二名の肝煎が置かれたが、他の一三町には肝煎一名であった。

肝煎の役目は、藩や町奉行所の命令などを大庄屋を通じて受けて、町内の住人たちに知らせたり、反対に住人たちの願書・届け出などを受け取り大庄屋を通じて町奉行所に提出したりした。人別なども取り扱った。また村方とは異なり、鶴ヶ岡の町方自体には年貢の賦課は全くなかったものの、代わりに夫役などの町役の賦課があり、大庄屋の指示のもとに肝煎が中心となって町ごとの夫役などの割り当てを行ったとみられる。町内で事故や事件などの検分に立ち会う必要もあった。それに町内だけでの種々な仕事があった。

肝煎には肝煎給が与えられていた。肝煎給は米で支給される町と金銭で支払われる町とがあった。とはいえ、肝煎給は、村方の高一分給★のような形で百姓たちから取り立てるのではなく、町ごとに数軒の肝煎年貢屋敷が設けられていて、それ等を貸地・貸家として貸し付け、その地代・家賃を肝煎給として向けるもので

▼高一分給
村高の一分（一パーセント）を肝煎の給米として取り立てる。

あった。

肝煎は結構忙しかったのであり、そのため補佐する役として町ごとに数人の長人《おとな》の役が置かれた。町の規模によって長人の人数には多少があった。長人は無給であったとみられるので、そのため大体町内の有力者が選ばれたようである。

町内の住人は町人とそれ以外というように大きく二つに分けられた。町人は通りに面して自分の屋敷を所持し、その広さに応じて町役を負担する者である。それらの町人より屋敷の一部を借地したり、長屋を借屋したりする者を名子《なご》と称した。さまざまの仕事に就いていたが、基本的に彼らは町役を負担する必要はなかったので、正式の町人としては認められていなかった。また町人らが営む商家や仕事場に傭われている者たちもいた。

酒田の町政のしくみも鶴ヶ岡と基本的に同じであるが、酒田三組のうち町組のみは中世以来の伝統が尊重されて、三十六人衆の代表である三人の町年寄が大庄屋よりも上位に置かれた（『酒田市史　改訂版』上巻）。

上方廻米

他の多くの藩と同様に、庄内藩も財政の基礎を農民より取り立てる年貢米に置いていたが、年貢はすべて米などの原物で納入されたので、米で支出された残りの物成米は藩の手で販売し換金しなければならなかった。

領内の酒田での地払《じばら》い★も重要であった。また、目立つような鉱山などもなかったが、近世前期には鶴岡に一四五軒、酒田に九四、五軒、大山に五、六〇軒の造酒屋があったので、酒造米に払い下げられる米もかなりの量に及んだ。

しかし、領内での地払いの値段は安かったので、早期から上方への廻米・販売が行われた。その際、家臣の物成米も一緒に廻米されて販売されたようである。

庄内からの上方廻米は、主に酒田湊から越前・敦賀や若狭・小浜などに運送され、一部の米は同所でも売り払われたが、多くは駄送及び舟運によって大津に送られて、そこで売り払われたのであるが、場合によっては京や大坂にも送られたようである。

正保三年（一六四六）の敦賀廻米量は四万九五一七俵であったが、そのうち六八九五俵が運賃となったので、運賃が廻米量の約一四パーセントを占めていたことになる。なお、前年二年の敦賀廻米の払米代金は五二六九両であった（『大泉紀年』上巻）。この頃の廻米量は大体五、六万俵であったとみられる（『酒田市史年表　改訂版』）。

ところで、同三年のこと、大津の加々屋久左衛門という米宿が米代金七〇〇両の引負《ひきお》い★を出すという問題が起こった。当時敦賀御米払役であった高橋太郎左衛門（もと遊佐郷大肝煎）は敦賀・小浜の米宿を説得して七〇〇両残らず取り立て

▼地払い
年貢米を領内で売払うこと。

▼引負い
未払い代。

ることができたという（同前）。大津ばかりでなく敦賀や小浜でも米を売り払っていたものであろう。

藩では、米相場を勘案して、上方廻米と地払いの量を決めていたのである。

上方御米払役は米の売払いのことを担当するばかりでなく、米相場をはじめ諸種の情報収集にもあたったものとみられる。

承応三年（一六五四）分の庄内藩「午之御物成御勘定目録一紙」（鶴岡市羽黒町後田・斎藤家文書）には、「敦賀登」米四万一七一俵のほかに、「大坂登」米が五五五七俵余あり、これらは翌明暦元年春頃にそれぞれ廻米されたことになるので、この史料から庄内藩で同年に敦賀廻米とともに大坂廻米を行ったことが確認される。

ただ、何か事情があったようで、この時期の大坂廻米は一、二年だけで中止となり、その後は上方廻米は専ら敦賀などへの廻米に戻ったようである。再び大坂廻米が行われるのは延宝年間（一六七三〜八一）のことであった。

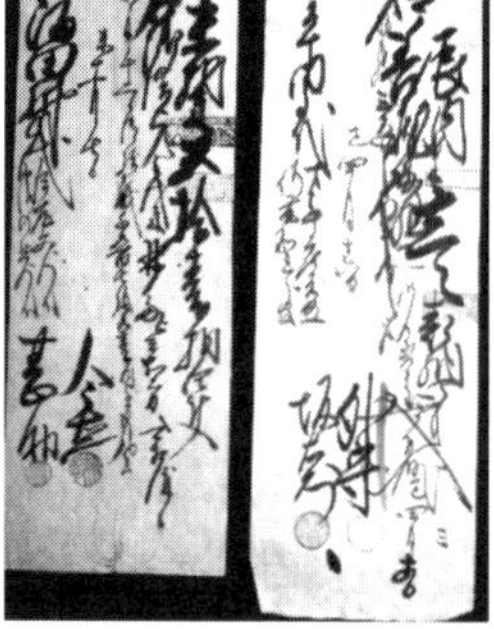
米札（酒田市立資料館蔵）

4

忠勝の代の大事件

初代忠勝の代には大きな事件があった。
その一つは厳しい年貢徴収に対する大肝煎の越訴事件であり、
もう一つは酒井家のお家騒動である。

高橋太郎左衛門一件

初代藩主酒井忠勝の代には、幕府の取扱い次第では庄内藩の存亡に関わるような大きな事件が二つも起こっていた。寛永十一年（一六三四）頃に起こった「高橋太郎左衛門一件」と忠勝の晩年に起こった「酒井長門守一件」である。

庄内藩は入部の翌年に総検地を行って領知高の大幅な増加を行ったうえ、寛永二年より定免法を開始した。

翌三年は多くの餓死者が出るほどの凶作であったし（『余目町史年表』）、同七年もかなりの不作であったが、定免法ということで作柄相応の減免がなかったため多くの未納米が生じたが、それにはおそらく年利五割の利米《りまい》★が付いたうえ、それらの取り立てが同八、九両年に厳しく行われた。

そのため、同九年十月になって、川北の遊佐・荒瀬両郷から領民多数が由利・

▼利米
借米の利子として払う米。

仙北（秋田県）に欠落したが、大肝煎の取扱いが良くないからであるとして、遊佐郷大肝煎の高橋太郎左衛門と荒瀬郷大肝煎の池田刑部左衛門の両人を罷免し入牢させた。しかも翌十年に幕府巡見使が来るので、藩ではこの件が表沙汰になることを恐れ、二人の命を奪うことも検討されたという（『鶴岡市史』上巻）。

十年十二月に釈放された高橋太郎左衛門は命が危うかったことを聞いて大いに憤り、同十一年五月密かに江戸に登り幕府に庄内藩の苛政を告発する訴状を提出した。訴状は一三カ条よりなるが（『雞肋編』下巻）、同藩の初期の農政の実態を知ることのできる史料として貴重である。要約すれば次の四点ほどになろう。

第一に、増租のことが記述されている。すなわち、総検地の実施と定免法の開始により年貢が増大し農民が大変迷惑している。例えば、高橋太郎左衛門取扱いの遊佐郷では年貢が最上家時代には五千七百石ほどであったうえ、年々の豊凶を考慮してくれたのに、庄内藩になって一万石に増加したし、しかも水害や旱害があっても容赦なく年貢を課している。そのため遊佐郷内だけでも年貢を完納するために男女千人ほどが身売りしたほどであった。多くが身売りをしたので農民がほとんどいなくなった村もあった。

ところが、近頃は身売りをしても藩によりすぐに「人返し」となるので、買い手がなくなって身売りもできなくなり、農民は妻子を殺すか欠落するかのどちらかを選ばざるをえない状況である。

第二に、寛永七年の年貢徴収が大変厳しく、そのため遊佐郷の農民四〇軒、人数四〇〇人ほどが由利・仙北に逃亡したことである。荒瀬郷新田目村（酒田市本楯）の場合、一二、三軒が逃亡したが、残らず引き戻されて成敗を受けたし、妻子は城に召し遣わされたり、他国に売られたりした。

第三に、米穀を生産しない庄内浜や飛島（酒田市）漁民たちや酒田の町人たちは、塩・魚介類や諸商い物を農民と直接交換したり販売したりすることを禁じられ、やむをえず御城米を高い値段で借りざるをえず身上が立ち行かなくなっていることである。飛島の六〇軒ほどは女房・子供を引き連れて庄内で乞食をしている。

第四に、最上家時代に黒印状《こくいんじょう》★で認められた寺社領の田畑に対しても検地を実施したうえ、年貢を課したので、例えば鳥海山の衆徒・僧侶にも身を売る者が出ている。

右の訴状は、庄内藩酒井家の親族（世子忠当の岳父）である老中松平伊豆守信綱が受理したうえ、庄内藩との間を仲介したことから、和解となった。高橋太郎左衛門・池田刑部左衛門両人とも大肝煎に復職した。しかも寛永十五年には太郎左衛門は新知二百石を賜って家中に召し出され、代わりに弟高橋長四郎が大肝煎になって百石を与えられた。

右のようにして事件は解決したことから、庄内藩は事なきを得たのであった。

▼黒印状
黒印を押した文書。朱印状は将軍のみに限られ、黒印状は大名が発給した文書。

なお、庄内藩は寛永十五年、肝煎かその子に一律に知行百石を与えて家中に準じた身分を与えた。右の事件後の大肝煎懐柔策であった。

酒井長門守一件

藩主酒井忠勝の晩年には「酒井長門守一件」と称されるお家騒動が起こった。騒動を引き起こした酒井長門守忠重は忠勝の弟であり、元和八年（一六二二）より村山郡西部の白岩領八千石（寒河江市など）の領主であったが、苛政から寛永十年（一六三三）に白岩騒動と呼ばれる百姓一揆が起こり、十月に領民の代表が幕府に訴えたことから、幕府評定所での審理となった。その結果、忠重は同十五年三月に白岩領八千石を没収され、代わって廩米《りんまい》★八千俵を給されることになった（『徳川実紀』第三篇）。

その後、長門守は本藩庄内藩の客分として暮らしていたが、兄忠勝の信任をうけ、藩政に対しても発言力を持ち容喙するようになった。そして高力喜兵衛ら家老たちを藩主忠勝から遠ざけ政権を壟断《ろうだん》するようになった。

それに伴い長門守は忠勝の世子忠当を廃し、忠勝の長女万姫を娶らせて自分の子九八郎を二代藩主の地位に就かせる、という野望を抱くようになった。その件が成功しない場合でも、四万石とか六万石程度の分知をうけて、別に藩を樹てる

▼廩米
扶持米の別称。

つもりであったといわれる（「毛利長兵衛書状」、『雞肋編』下巻）。

そのため、藩主忠勝と世子忠当の仲を悪くするために、長門守は腹心と策謀をめぐらした。

世子忠当擁護の立場の高力喜兵衛ら老臣は密かに老中松平伊豆守に状況を報告し指示を仰いだが、長門守側に察知され、逆に長門守の腹心により、忠勝の屋敷に放火したのは高力喜兵衛の指示によるとか、早く忠勝を隠居させて忠当を藩主にさせようとしている、などの讒訴《ざんそ》がされたことから、忠勝の逆鱗にふれて、正保三年（一六四六）九月に喜兵衛一族は追放され、その与党の家臣たちも切腹や追放などに処された（『鶴岡市史』上巻）。

かくして長門守の野望はあと一歩で現実のものとなるところであったが、藩主忠勝が翌四年十月に江戸で死去したことから、挫折することになった。

世子忠当が二代藩主となり、大老酒井讃岐守忠勝・老中阿部豊後守忠秋の取扱いで、金二万両を引き渡すことで長門守を義絶した（『大泉紀年』中巻）。

その後長門守は寛文五年（一六六五）に息女縁組の件で不始末を起こして改易となり、下総国市川村（市川市）に隠棲したが、翌年同地で刺客に襲われて横死《おうし》した（『新編庄内人名辞典』）。

庄内酒井家略系図

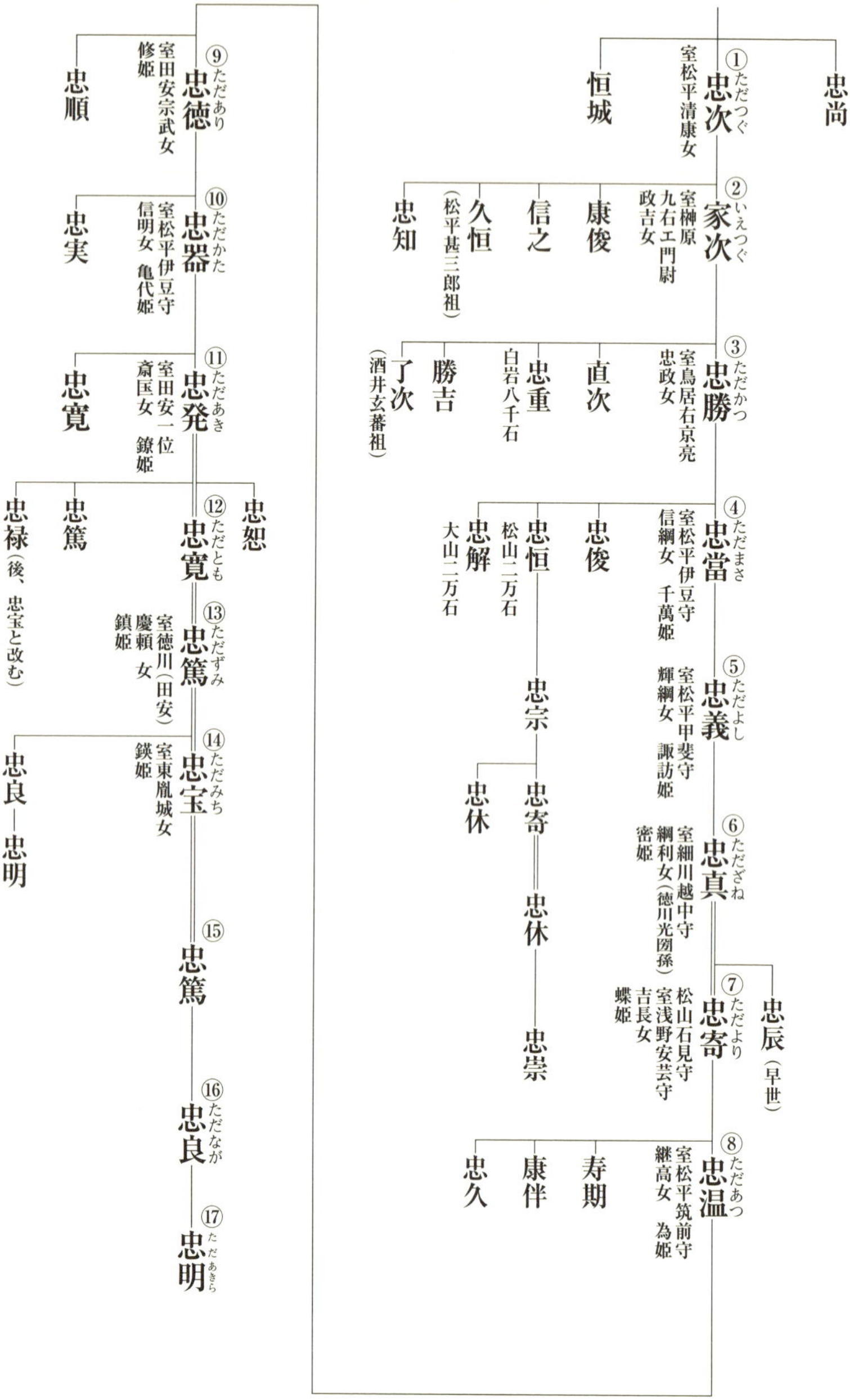
忠尚
①忠次《ただつぐ》
室松平清康女
恒城
②家次《いえつぐ》
室榊原九右エ門尉政吉女
康俊
信之
久恒（松平甚三郎祖）
忠知
③忠勝《ただかつ》
室鳥居右京亮忠政女
直次
忠重
白岩八千石
勝吉
了次（酒井玄蕃祖）
④忠當《ただまさ》
室松平伊豆守信綱女　千萬姫
忠俊
忠恒
松山二万石
忠解
大山二万石
⑤忠義《ただよし》
室松平甲斐守輝綱女　諏訪姫
忠宗
忠寄
忠休
忠休
忠崇
⑥忠真《ただざね》
室細川越中守綱利女（徳川光圀孫）密姫
忠辰（早世）
⑦忠寄《ただより》
松山石見守
室浅野安芸守吉長女　蝶姫
⑧忠温《ただあつ》
室松平筑前守継高女　為姫
寿期
康伴
忠久
⑨忠徳《ただあり》
室田安宗武女　修姫
忠順
⑩忠器《ただかた》
室松平伊豆守信明女　亀代姫
忠実
⑪忠発《ただあき》
室田安一位斎匡女　鐐姫
忠寛
忠恕
⑫忠寛《ただとも》
忠篤
忠禄（後、忠宝と改む）
⑬忠篤《ただずみ》
室徳川（田安）慶頼女　鎮姫
⑭忠宝《ただみち》
室東胤城女　鋏姫
忠良—忠明
⑮忠篤
⑯忠良《ただなが》
⑰忠明《ただあきら》

第二章 藩政の展開

一斉検地を実施し、定免法を採用、藩財政を確立。

1 地方知行と家臣団

家臣に対する知行は地方知行から次第に蔵米知行に変更されるが、家臣たちが田地を名請け所持することも禁じてはいなかった。また、藤沢周平作品の役職名は必ずしも庄内藩のものとは一致しない。

庄内藩の知行制

『鶴岡市史』（上巻）では、庄内藩家臣の知行制について、

入部当初には地方知行が一部において採用されたらしいが、その例は極めて少なく、庄内全体で三百数十石に過ぎなかった。既に入部の翌々年の寛永元年に米札《こめふだ》★制度が確立され、家中の蔵米知行《くらまいちぎょうせい》★制の体制が出来上がった。

と述べて、庄内藩では初期から蔵米知行制が行われていて、地方知行も一部にあったものの、合わせても高三百数十石にすぎなかったとする。

確かに、元禄六年（一六九三）の時点で、地方「知行」を行っている家臣は大庄屋一人を含む四人にすぎず、知行高も合わせて二百二十石にすぎなかった（『雞

▼米札
米の俵数を記した券であり、藩は年貢米に代えて家臣に支給した。米会所で売買された。

▼蔵米知行制
家臣に対し知行地ではなく米を俸禄として与える制度。

肋編』下巻)。また天和二年(一六八二)に四代藩主となった酒井忠真が数え十二歳だったので、幕府は国目付二名を派遣し一時藩政を監督させたが、その際に国目付が藩政について尋ねた中に、家臣の地方知行制の有無の件についてもあったが、藩では、「一、給人蔵米ニ而其年之算ヲ以取らせ申候」と回答しており、地方知行ではなく、年々の平均免で物成米《ものなりまい》が支給されるところの蔵米知行であるとしていた(『雞肋編』上巻)。

なお、平均免とは領内全体の平均年貢率であり、家臣には基本的には年々の平均免に準じて物成米が支給される慣行になっていた。

右から十七世紀後半には蔵米知行制となっていたことは明らかといえようが、藩政初期からも同様であったとは必ずしもいえない。

『鶴岡市史』(上巻)では、地方知行であることを示す史料が極めて少ないとするが、実は蔵米知行であることを示す史料はそれ以上に少ないといえる。つまり、庄内藩初期の場合、知行宛行状《あてがいじょう》(写し)が少なく、知行形態を明らかにする史料が極めて少ないのである。

そんな中で、例えば、寛永六年(一六二九)七月に奥村久左衛門という家臣に知行二百石が与えられた時の宛行状は、

知行所之事
高百五十石　小河与兵衛代官所　下河村
高五十石　中台式右衛門代官所　河村
高合弐百石
右所務可有也　酒　宮内（酒井忠勝）
寛永六年巳七月廿五日　御名　花押
奥村久左衛門との
（『大泉紀年』上巻）

というように、小河与兵衛代官支配の下河村で百五十石、中台式右衛門代官支配の河村で五十石、合わせて二百石が与えられたのであるが、「所務」という文言があることから、蔵米知行なのに形式上知行地の村付けをしているというにとどまらず、実際に土地と農民を支配して年貢を取り立てるというもので、地方知行を示している史料であることが知られる。

しかも、翌寛永七年にも地方知行であると判断される五百石と三百石の宛行状（写し）二通が残されており、この三件を合わせただけでも高千石になるのであり、『鶴岡市史』（上巻）がせいぜい三百数十石と記すのは根拠がないことになる。

寛永八年に庄内藩では領内に大肝煎（のち、大庄屋と改称）が広く置かれたが、

その際の任命状の文言は、

右村々大肝煎ニ其方申付候間、御台所入・御給人方共、万事差引可被申、もし百姓中間ニて申分於有之は、肝煎・長人百姓召連鶴岡之罷登可申上もの也

とあり、当時領内村々には広く御台所入（蔵入地）と御給人方（地方知行）が並存していたことがうかがえる。つまり庄内藩の初期にあっては、家臣による地方知行が一般的であったと考えられる。

ただ、寛永二年に定免制が始まり、村ごとに定免が設定されたし、同年には高百石当たりの小物成の量も定められたり、また知行地が一カ所ではなく二カ所以上に分散されていたし、それに右の文言では、大肝煎が地方知行地の支配に一部関与することが認められていたと判断される、などから地方知行制といっても藩によってかなりの制限を受けていたとみることができる。

なお、寛永十年頃には、庄内藩でも地方知行地を持つ家臣を給人と呼んでいたが、その後知行取のことは家中と呼び、給人とは徒以下の下級藩士のことを指すようになる。

地方知行制は一六四〇年代前半の正保・慶安年間に廃止となったものと推測される。

地方知行では、知行地の土地に良し悪しがあり、免（年貢率）も高い低いがあって、同じ知行高であっても年貢収納に多い少ないの違いが生ずるので不公平となるから、領内の年貢米は藩役人により統一的に藩の米蔵に一旦納入させ、そのうえで家臣たちには総平均して平均免により蔵米を渡すことに改めたのである。

もっとも、蔵米知行となって、本年貢の分は藩のほうから物成米として渡されることになったが、薪《まき》・藁《わら》・草・糠《ぬか》などの小物成は、かさばるばかりでなく、現物納を望む場合もあれば望まない場合もあったりすることから、小物成を納入するための村を家臣たちに割り当てる形は続けられたのであり、これを小物成所と称した。小物成所を所有する家臣のことを村方では地頭と称したのである。通常、諸藩で地頭と称した場合は地方知行を行う給人のことを指すのであるが、庄内藩では小物成所を有する家臣のことである。

家臣たちの田地所持

庄内藩では家中（知行取）など藩士が農村に田地を名請《なう》け★して所持することを特に禁じていなかったようである。

寛永十九年（一六四二）の大山村（鶴岡市）「水帳《みずちょう》」★（同市郷土資料館羽根田家文書）は、実際には百姓別に所持地をまとめた「名寄帳《なよせちょう》」★の形式のものであるが、

▼名請け
検地帳に田地の所持者として名前を記す。

▼水帳
検地帳のこと。

▼名寄帳
年貢徴収のため所持者ごとに田地の反別・高を記載した帳簿。

例えば、

舟山分

一下畠拾歩　　作人吉田平兵衛　印

分米弐升　　水帳ニ二郎右衛門

（六筆――省略）

高合弐石三斗八升壱合　吉田平兵衛　印

というように、庄内藩士とみられる苗字の付された吉田平兵衛という者が一般の百姓たちと並んで田畑を名請けしていた。しかも、右で「水帳ニ二郎右衛門」の記載はそれ以前の所持者を示すものであり、おそらく入部翌年の元和九年（一六二三）の総検地の際に作成された検地帳（水帳）の時点での所持者のこととみられる。この「二郎右衛門」のような形で記載されている名前の中に、苗字を名乗る者が一一名いる。そのうちには高力五郎右衛門、本田忠左衛門など明らかに庄内藩士とみられる名前も含まれている。

右からも庄内藩では、庄内入部直後から家臣たちによる田地の取得が行われていたことが知られる。家臣による新田開発も盛んであった。

道形村（鶴岡市道形町）は城下鶴ヶ岡北方の郊外に位置し、万治二年（一六五

表４　道形村（鶴岡市）における藩士の田地保有（寛文十年）

家臣名	知行高	「名請百姓」	田　畝	畑　畝	屋敷畝	計　畝
伴　久三郎	?	—	352.25	20.04	11.06	384.05
安藤定右衛門	500石	久右衛門	217.04	38.12	30.18	286.04
相良平七郎	?	羽右衛門	212.02	46.20	18.00	276.22
金野佐次兵衛	?	与左衛門	191.04	40.03	8.10	239.17
山下忠左衛門	?	—	185.22	3.15	13.12	202.19
片山市太夫	300石	杢左衛門	149.23	10.29	8.00	168.22
宮川玄丹	200石	長右衛門	154.18	—	—	154.18
本田治郎兵衛	200石	清右衛門	119.04	13.18	—	132.22
芳賀平四郎	300石	八兵衛	107.13	3.20	20.08	131.11
角田儀右衛門	300石	孫右衛門	119.10	8.00	—	127.10
杉山七郎左衛門	500石	与十郎	76.20	25.08	—	101.28
石沢作左衛門	200石	清兵衛	85.02	—	—	85.02
犬塚又左衛門	(450石)	勘兵衛	84.17	—	—	84.17
芳賀安右衛門	250石	仁兵衛	81.17	—	—	81.17
吉田利兵衛	200石	仁左衛門	—	46.26	32.00	78.26
中村七兵衛	700石	勘兵衛	63.10	—	—	63.10
中世古二郎太夫	150石	孫作	50.06	—	—	50.06
野沢喜六郎	200石	六兵衛	—	8.02	36.09	44.11
本田治左衛門	600石	三右衛門	32.12	6.22	—	39.04
東野才三郎	100石	助次郎	39.06	—	—	39.06
金井兵右衛門	150石	勘左衛門	7.28	5.20	19.05	32.23
中村権六郎	400石	半右衛門	—	—	31.27	31.27
清野与兵衛	80石	—	28.04	—	—	28.04
大渕与惣兵衛	150石	五兵衛	27.23	—	—	27.23
加藤太左衛門	750石	権七郎	—	—	27.00	27.00
芝田四郎右衛門	300石	作左衛門	—	—	22.00	22.00
杉山市兵衛	300石	加兵衛	—	19.06	—	19.16
松宮源太右衛門	200石	九左衛門	—	—	10.12	10.12
松宮孫千代	150石	長左衛門	—	6.28	—	6.28
田中藤右衛門	?	治五助	3.00	3.15	—	6.15

注 (1)寛文10年６月「道方新田村御検地帳」（鶴岡市郷土資料館、道形地区文書）による。
(2)知行高は寛文11年「御家中分限帳」（『雞肋編』上巻）による。犬塚又左衛門のみは大山藩士時代のもの。

九）より開発が開始された新田村である。三年目の寛文元年（一六六一）から毎年のように新田検地が行われ高入れされたうえで、同十年に再検地が実施されたのであり、その時の検地帳が残されている（鶴岡市郷土資料館道形地区文書）。

その時点で田畑の名請人は八八名であり、そのうち村民とみなされる者二五名に対し、庄内藩士とみられる者が三〇名にのぼっていた（表4を参照）。五名の知行高が不明であるが、この中には下級藩士も含まれている可能性もある。残る二五名は八十石から七百五十石までの家中であった。

なお、検地帳での記載の仕方は

同所（道方）　芳賀安右衛門内
　中田六畝九歩　　　　仁兵衛

というように、分付記載★のような形式になっている。ただ、芳賀安右衛門が知行二百五十石の家中の士であったことを考慮すれば、安右衛門が本当の土地所持者であり、仁兵衛は安右衛門に傭われた使用人であったとみられる。当時、城下に居住する藩士や町人で田地を所持する場合には、その村に田屋《たや》（代家★）と呼ばれる小家屋を営んで、傭った者を住まわせて耕作や田地管理に従事させることが一般的であった。

▼分付記載
検地帳の名請人の肩書きに、誰々分と分付主の名を記載する。

▼田屋（代家）
村方に所持する田地を手作りするために、傭った農民たちを住まわせて、耕作に従事させるための建物

右の、道形村で開発が始まったのと同じ頃のこととみられるが、都丸外右衛門という藩士の宛先不明の書状（鶴岡市郷土資料館）に、

新田取沙汰御座候は、内々願置候通、拙者五六町御取下さるべく候、必々願い奉り候

とあり、新田開発の噂があるが、内々で願っておいたように自分にも五、六町歩の田地を必ず確保してほしいと強く要望していたのである。時期がほぼ一致しているので道形村の開発に際してのことのようでもある。ただ、道形村の田地所持者に都丸姓の藩士はいなかったようである。

高力忠兵衛は郡代を勤めて「新政」を実施して増租に努めたものの、村々の疲弊や役人たちの綱紀紊乱を招いたとして「郷入り」の処分となった。「郷入り」とは僻村の農民の家に座敷牢を設けて入牢させるもので、切腹以上に厳しい処分であった。その高力忠兵衛であるが、延宝五年（一六七七）九月の八組惣百姓の名前での大目付大場宇右衛門への訴状には、

御百姓取潰シ其内ニもよき田地の分ハ忠兵衛殿おとな権九郎を買主ニ名付、大分ニ買せ申候

（『大泉紀年』下巻）

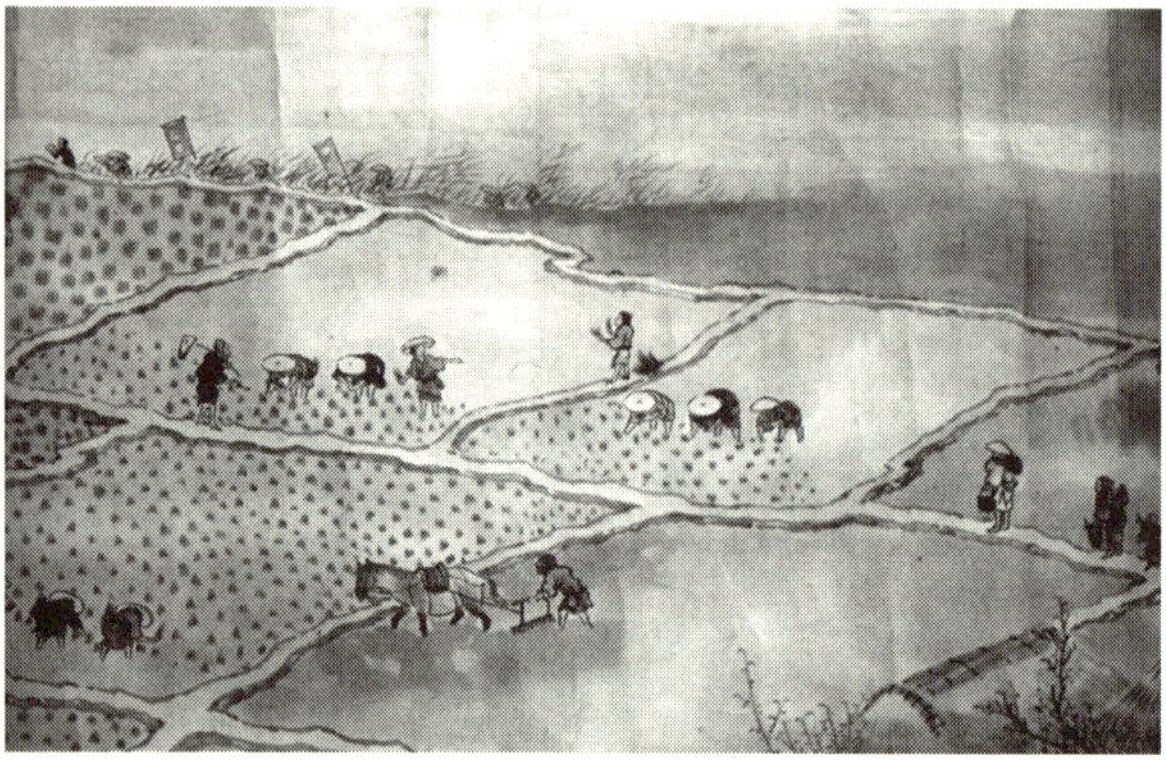

『大泉四季農業図』に描かれた田植え、脱穀（五五頁）の様子（致道博物館蔵）

とあるし、天和元年（一六八一）五月の藤島組四ツ興屋村（鶴岡市藤島地区三和）相馬半兵衛の幕府巡見使への訴状にも、

一、領内百姓田地を郡代忠兵衛手始仕買取、其所ニ田屋を立、過分之手作仕候を町人商人聞見、剰諸士迄田地を買取申候ニ付、百姓毎年滅亡之事

とあり、郡代の高力忠兵衛が召使頭の権九郎などを買主にして田地を買入れたうえ、手広く手作を行っていて、その様子を見た町人や他国出身の商人ばかりか、藩士たちも進んで田地を買い取っているので、農民が所持する田地が少なくなり、立ち行かなくなっているとする。

従来の見解の問題点

ただ、従来の見解では郡代の高力忠兵衛自身が多くの田屋を所持することそのことが綱紀紊乱の現れとみなしてきたようであるが、庄内藩では藩士の田地所持を禁じていないことから、田地取得そのものを綱紀紊乱とみることはできないと思われる。

高力忠兵衛は天和元年九月に「郷入り」処分となって失脚したが、その時点で所持する田地は、

田畑高三百九拾弐石弐斗弐升弐勺
内百四拾四石八斗壱升八合九勺ハ成田新田村
此内拾九石余　猪子村忠兵衛分
此稲六千四百束
同弐百四拾七石四斗壱合三勺　横山村
召使権九郎分
此稲九千弐百廿五束

となっていて、所持地は現在三川町に属する横山・猪子・成田新田の三カ村に集中していたのであり、成田新田はもちろん、他の二カ村もおそらく新田地が主だったとみられる。そのため反別にして少なくとも四十数町歩にあたるはずである。

このように、庄内藩では特に禁止しなかったこともあり、家臣たちの田地取得に対する思いが強かったことが知られる。厳しい経済状態にあったことから田地を所持し手作して飯米程度を確保しようとしたものとみられる。

しかし、近世中期になって家臣たちの経済的窮乏が一層進むとともに、所持田

地を手放す家臣が多くなって、田地を所持する家臣の数は大幅に減少したものとみられる。

それでも、近世後期になって、例えば寛政九年（一七九七）十二月の大庄屋たちの藩への伺いの冒頭にも

御家中并御給人・寺院其外御領地・御町方ニ而是迄所持仕候御田地……

（『庄内藩農政史料』上巻）

と記されているように、家中など家臣が田地を所持することは消滅しておらず、やはり特別視もされていなかったことがうかがわれる。

家中作

天保十二年（一八四一）六月付で庄内藩は「郷村高帳」（八冊）を作成した（致道博物館酒井家文書）。これは前年十一月に突如命じられたいわゆる三方領知替による領主の交代のためのものであった。

その「郷村高帳」には、各村の過去五カ年の年貢諸役が記載されているが、一部の村では本村の分とは別に、「家中作」、「乙坂作」、「原新左衛門作」、「大津作」、

▼家中作
知行取である家中の士が手作したこと。

「給人作」、「馬上衆作」、「同心衆作」、「中間作」というように「何々作」という名称が付けられた田地・高が記載されている（表5を参照）。家中や給人などの藩士が以前手作（耕作）していた土地の分を示しているものとみられる。

ちなみに、「乙坂作」の乙坂は家中で知行三百石の乙坂家のことであり、「大津作」の大津は家中（知行二百五十石）の大津藤右衛門のことであるように、これら名前の付いた分も広い意味での「家中作」と呼べそうである。

寛文五年（一六六五）頃のこと、村名は不明ながら、白井甚五左衛門は藤島組（鶴岡市藤島地区）で高四十六石三斗余の地を手作していたし、称津孫四郎は狩川組（庄内町）のうちで二十三石四斗余の地を手作していた。そして横山組広野村（酒田市）には、「同六拾弐石五斗六升六合七勺　酒田御家中作」と、支城亀ヶ崎城（酒田）付きの家中たちの「家中作」の田地が六十二石五斗余あって、手作されていたものであった（「庄内御郡御高辻調帳」鶴岡市郷土資料館東沼・三光院文書）。

しかし、これらの分は幕末の天保十二年（一八四一）の時点では「御家中作」とはなっていなかった（表5参照）。

安永七年（一七七八）の京田代官の覚書（「京田通御代官中御役所御用留帳抜書」鶴岡市郷土資料館富塚家史料）には、

御家中作
是は大宝寺村・新形村ニ御座候、古来より小物成御役引之由

とあり、京田通には狭義の「御家中作」は二カ村にあって、古来より小物成の賦課が免除されていたとする。実際には「乙坂作」、「原新左衛門作」、「大津作」も同様に小物成が免除されていた。藩が「御家中作」を保護していたことを意味しよう。

この覚書から、家中の手作はかなり以前に消滅していて、すでに「御家中作」

表5「御家中作」等の存在する村（天保12年）

村名	名称	石高
下大宝寺	御家中作	111.6741
〃	乙坂作	2.9660
〃	原新左衛門作	3.2010
新形	御家中作	28.4599
〃	乙坂作	4.4990
西京田	乙坂作	31.5000
高田麦	乙坂作	5.5700
林崎	乙坂作	109.6554
阿部興屋	大津作	9.6983
八日町	御家中作	1.0707
〃	給人作	2.2253
柳田	給人作	10.7989
新町	給人作	2.9934
嶋	御家中作	4.2851
大町	馬上衆作	37.8756
〃	同心衆作	39.2940
〃	中間作	1.7333
		計 407.5000

注（1）天保12年6月「郷村高帳」（8冊、致道博物館、酒井家文書）による。
（2）「大組頭興★」を除く。

▼大組頭興
飽海郡の大組が開発した土地。

の名称のみが残されていたことがうかがえよう。

普請組をめぐって

　やや蛇足のようでもあるが、ここでは鶴岡市出身の作家の故藤沢周平氏のいわゆる「海坂藩」ものとの関連で、庄内藩家臣について二、三述べておこう。

「海坂藩」ものにはしばしば「軽輩」が登場する。『広辞苑』によれば、「軽輩」とは「身分の低い者」とある。通常は下級藩士などのことであろう。藤沢氏の場合、「軽輩」の使い方が少々曖昧のように思える。下級藩士のようでもあり、「御家中」（知行取）のうちの下位の者を指しているようでもある。

　ところで、「海坂藩」ものでは「軽輩」の典型として普請組に属する家臣がしばしば登場する。『鴟鵂《みそさざい》』という作品では、普請組について、奉行一人、助役一人、小頭四人が役持ちであり、その他は高四十石ぐらいの者からなっていたとしているようであり、そのため組屋敷が二カ所に分かれ、一方は役持ちのため屋敷が広く、他の分は狭かったとしている。

「小頭」を役持ちとしていることからも、普請組に属する家臣たちを基本的に下級藩士としていることはほぼ間違いないと思われる。

慶応四年（一八六八）七月の庄内藩「御分限帳」（『荘内史要覧』）では、御普請方が一二名、亀ヶ崎（酒田）御普請方が二名あげられている。ほかに高二百石ぐらいの家中がそれぞれ普請奉行となっていたはずである。

鶴ヶ岡の「御普請方」の場合、知行などが記載されている。高百五十石が二名、同百二十石が一名、同百石が三名、同八十石が一名、五十石・五人扶持が一名で、残り四名は切米や扶持米取であった。切米や扶持米取でも身分は家中であったと思われる。ほかに下級家臣も属したようである。ともかく五十石以上の知行取が八名もいたのであり、役持ちではなくとも、決して下級家臣ばかりではなく、「軽輩」には当たらないというべきである。

ちなみに、普請方は職掌では大工方、人足方、買物方などに分かれていたが、目付の役はあっても、助役という役職はなかったといえる（「御普請奉行諸留控」鶴岡市郷土資料館）。しかも、組屋敷については、下級藩士である「御抱え大工」は大工棟梁以下が大工町（鶴岡市新海町）に集住したが、それ以外に庄内藩では組屋敷のようなものは存在しなかったようであり、当然普請方の組屋敷も存在しなかった。

「御家中」への昇進

藤沢周平の代表作『蟬しぐれ』は普請組で三十石以下の軽輩の家の出である牧文四郎は郷方廻りの役を振出しに、精勤の結果ついには郡奉行にまで昇進したという設定である。庄内藩で郡奉行といえば、高百石～二百石クラスの「御家中」が就任する役職である。

閑散文庫（鶴岡市郷土資料館）の「名山蔵」によれば、宝暦元年（一七五一）より元治元年（一八六四）までの百十三年間で、精勤により下級家臣より家中に出世した者は一二名を数える。平均して大体十年に一人の割合である。健康に恵まれ長年にわたり精勤すれば、下級家臣が家中に昇進することも決して不可能ではなかったのである。

ただ、家中に昇進して与えられた知行は、高六十石一名、同四十石一名を除けば、残り一〇名はいずれも五十石であった。庄内藩の場合、本来家中の知行の下限を五十石程度とみなしていたとみられ、精勤した下級家臣にはその程度の知行を与えて家中に取り立てたわけである。

つまり、「軽輩」出身の藩士が一代で郡奉行クラスまで出世することは到底ありえないということになる。

なお、初代藩主酒井忠勝の代の正保三年（一六四六）に脱藩したといわれる阿部三郎兵衛という家中の士に対し、討手五人が派遣されて、江州大津（滋賀県大津市）で討ち留めたが、討手のうち神尾伊兵衛という者は、寛永七年（一六三〇）徒《かち》として召し抱えられ、六年後の同十三年に知行五十石を賜って知行取に昇進していたうえ、今回の「手柄」で百石の加増があって、知行百五十石になるという事例もあったが（『大泉紀年』上巻）、このような出世は通常の「精勤」ばかりでは考えられないことである。

助役

「海坂藩」ものには、しばしば「助役」、「添役」、「見習」という役名が出てくる。

「見習」や「添役」はともかく、「助役」という場合、現代風にみなせば、会社や役所において、部長に対する次長、課長に対する課長代理や課長補佐といった役職を想定させるものといえる。それらの次長、課長代理、課長補佐などといえば、当然ながら部長や課長とは異なる役職であり、職務や権限も異なっている。藤沢氏が「海坂藩」もので「助役」とか「添役」とかと使用する場合もそのように使用していると判断される。

ところで、例えば、「庄内表御納戸扣帳」（『雞肋編』上巻）には、正徳二年（一七一二）九月より享保十六年（一七三一）八月まで十九年間の庄内藩の人事異動が記載されている。

これによれば、「見習」は出てくるが、「助役」、「添役」という役職名は全く出てこないのである。出てくるのは、「見習」以外では、「加役」、「当分」、「代」、「立合」、「並」、「格」などである。しいて分ければ、「加役」、「当分」、「立合」などは一時的で臨時的な役職とみられるのに対し、「代」、「並」、「格」は一時的とはいえないものの補助的な役職とみることもできよう。

しかし、注意すべきことは庄内藩の場合、「加役」でも「当分」でも「並」や「格」であっても、実際の職務は本役の者と同じであったとみられることである。若干職務上の権限に差異があったとしても、同じ役職として勤めるものであった。部長と次長、課長と課長代理などのような職務の相違はなく、同じ普請奉行なり郡奉行なりとして実際には勤めたものとみられるのである。

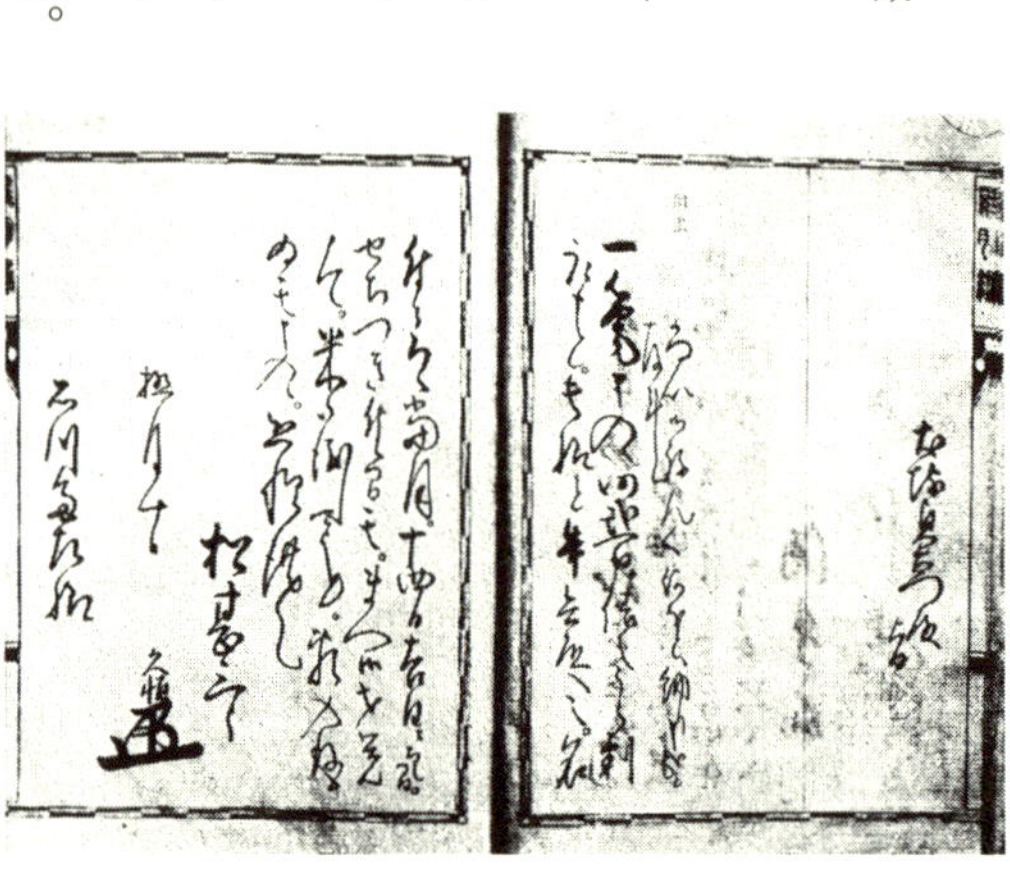

『雞肋編』（致道博物館蔵）

② 二代忠当・三代忠義の治世

正保年間には松山藩と大山藩の二つの支藩ができたが、大山藩は長くは続かなかった。藩財政の不均衡が現れ始め、農村も疲弊しだし、改革が進められたが、失敗に終わった。

二つの支藩創設

正保四年（一六四七）十二月に、忠勝の長男忠当《ただまさ》が第二代の藩主になった。その際、亡父忠勝の遺言により新田地のうちから分与するとして、三男忠恒《ただつね》に松山（酒田市）二万石、七男忠解《ただとき》に大山（鶴岡市）一万石という二つの支藩を創設することが許可された。松山藩と大山藩である。

実際の分知は慶安二年（一六四九）のことであったとみられる。

なお、大山藩一万石はすべて庄内のうちで、京田通の中から分属されたが、松山藩の場合、二万石のうち八千石の分が庄内にあり、残り一万二千石は村山郡左沢領（中山町・朝日町など）が与えられた。当然飛び地であった。

それに先立ち、両支藩の藩士となる者たちが本藩から「分《わ》ケ人《にん》」となった。松山藩の場合、家中だけで四八名が分ケ人となっている。大山藩の分は不明である

支藩松山藩初代藩主の酒井忠恒
（東京大学史料編纂所蔵）

が一応三〇名程度が「分ケ人」となったものではなかろうか。

　しかし、大山藩は藩主酒井備中守忠解が寛文八年（一六六八）十一月に国元で急逝したが、継嗣がいなかったこともあり、翌九年二月に断絶となって、大山領一万石は天領となった（拙著『酒井備中守忠解と大山藩』）。

　そこで、四代藩主に酒井忠真《ただざね》が就任した直後の天和二年（一六八二）三月に一族の酒井忠高《ただたか》に余目五千石を分与したので、忠高は幕府の旗本・寄合に列した。ところが、余目領は領主が三代とも若死にであり、特に三代忠盈《ただみつ》が元禄九年（一六九六）六月に十三歳で死去したので、余目・酒井家は断絶となり、余目領も天領となった（拙著『余目・酒井家と余目領五千石』）。

　松山藩のみが幕末・維新期まで存続したのである。中でも三代藩主の石見守忠《ただ》休《よし》は幕府の若年寄を長期間勤めた。

　庄内藩の二代藩主忠当は就任の翌年慶安元年（一六四八）十一月二十八日付で、藩政に関する法令七通を発令した。公事を受け付けて審理をするところの会所に関したもの二通、藩役人や家中に関したもの二通、領内に関したもの一通、農業や年貢に関したもの二通であった。

　これにより、曲がりなりにも法に基づく藩政が進展していくことになったとみられる。

　ただ、忠当はあまり身体が丈夫ではなかったようである。後年、岳父である老

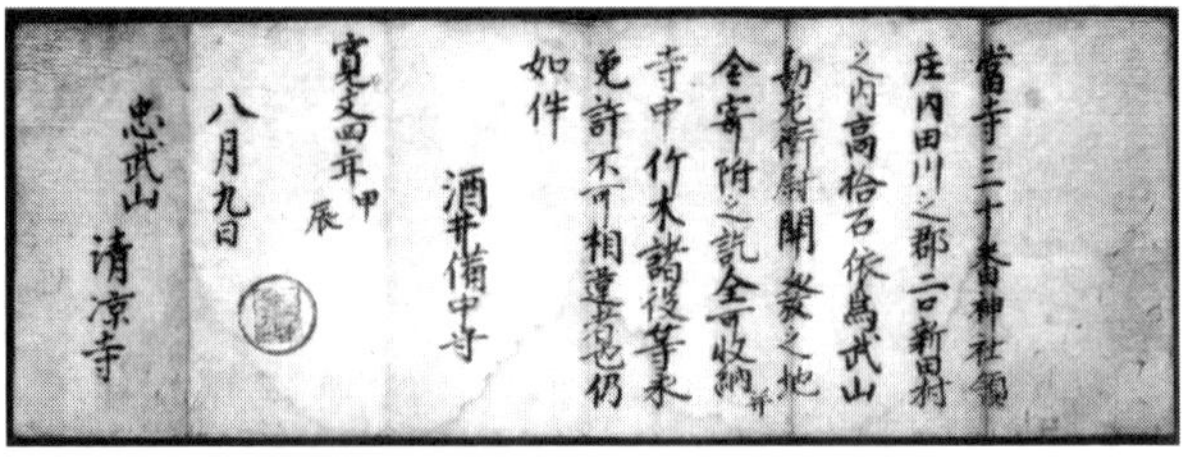
當寺三十番神社領
庄内田川之郡三口新田村
之内高拾石依爲武山
動龍新尉開發之地
令寄附之訖全可收納并
寺中竹木諸役等永
免許不可相違者也仍
如件
酒井備中守
寛文四年甲辰
八月九日
忠武山 清凉寺

大山藩主酒井忠解の黒印状
（三川町・清領寺蔵）

中松平信綱の評でも、

摂津守殿は結構なる人ニ而候得とも、病身故御奉公も不罷成候、乍病身も御奉公致され候得とも、家督後間もなく不仕合にて若死致され候

（「白石茂兵衛覚書」、『雞肋編』上巻）

とある。

病弱な女婿の忠当や孫の忠義のために、松平信綱が藩政について顧問のような立場で相談に与っていた。信綱の庄内藩への関わりは寛文二年（一六六二）の死の直前まで続いたとみられる。

忠当は万治三年（一六六〇）二月に鶴ヶ岡在城中に死去した。四十四歳であった。

末松彦太夫事件

三代藩主酒井忠義《ただよし》の代の寛文十年（一六七〇）に城下の町人たちに恐慌を来すような事件が起こった。法による支配が徐々に進んできていたとはいえ、まだまだ謂《いわ》れのない藩士の横暴が存在していたことを示すものとして注目される事件で

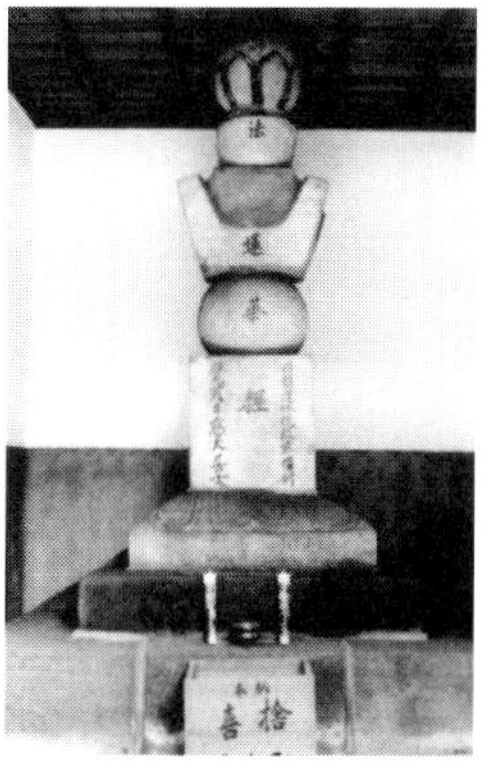

酒井忠解の墓（鶴岡市・道林寺）

ある。

事件の概要は、主として『大泉紀年』(下巻)によれば次のようである。

事件の発端は同年五月十七日の夜四ツ時(午後十時)頃に七日町裏の寺小路で、知行三百石で物頭を勤める末松彦太夫の嫡子佐十郎が七日町の町人しげや喜右衛門の子善左衛門と口論となって、刀を抜き斬りかかったが、逆に善左衛門により数カ所の手疵を負ったというのである。口論は「おば」が原因であり、おそらく飯盛女(遊女)をめぐっての喧嘩だったようである。七日町は旅籠が並ぶ町であり、近世後期には旅籠十数軒に下旅籠も十数軒と、三〇軒以上の宿屋があり、そこには一〇〇人～二〇〇人程度の飯盛女が抱えられていた、すでに近世前期から飯盛女はいたものであろう。

武士に手疵を負わせた善左衛門は後難を恐れて直ちに自害した。また面目を失った佐十郎は屋敷に一旦戻り数日の間疵の養生にあたっていたが、その後行方知れずとなった。

事件直後、しげや方では近所の者たちが集まって事後策を相談していて、そこに町回りの足軽二名も居合わせていた。

ところが、九ツ時(午前零時)頃になって、佐十郎の父末松彦太夫と兄弟二人(五郎左衛門・又内)が奉公人や彦太夫配下の足軽たちを率いて、しげや方の表戸を破って乱入し、逃げ遅れた町人二人と足軽一人を斬殺した。ついで隣家の旅籠屋伊勢屋藤右衛門方にも斬り込んで、一人を殺害した。さらに上肴町にあるしげやの親類三軒も襲った。深夜に突如恐ろしい無差別ともいえるような殺戮事件が起こったのである。

当初、事件の関係者や目撃者は後難を恐れて誰の仕業かを証言しなかったが、その後の捜査の中で南町の辻番などの証言や当夜動員された足軽たちの自供があり、末松彦太夫父子の犯行であることが判明した。

事件の捜査の中心にあったのが大目付の高力忠兵衛であった。彦太夫父子の蛮行ということが明らかになると、藩主忠義が在府中であったので、忠兵衛は七月十一日に出府して忠義に報告し、証拠書類を提出した。そこで忠義は松平輝綱(信綱の長子)や松平信興(信綱の五男)と相談したうえで処分の大筋を決めた。なお、忠義は松平信綱の外孫にあたっていたので、信綱亡き後、同人の子供たちを相談相手にしていたものである。

それより先、六月二十一日に末松彦太夫は紙漉町の法華宗本鏡寺の脇寺丁本寺への入寺を命じられたが(『鶴ヶ岡大庄屋川上記』上巻)、彦太夫は事件に関して身に覚えがないとして罪状を否認していた。そこで、町人たちの証言や足軽たちの自供に対抗しえるような確かな証人を出すように言い渡されたので、彦太夫は再三証人を出すことを主張しながらも、結局証人を出すことができなかった。

それにより有罪であることが確定し、藩主忠義の命により彦太夫及び子の五郎左衛門・又内の三人は九月二十一日夜に本鏡寺で切腹となった（同前）。

彦太夫の兄は家老の末松吉左衛門（知行千三百石）であり、兄の権勢を笠に着て、彦太夫は以前から「徒者《いたずらもの》」と噂されるように乱暴な所行や横車が多く、城下の嫌われ者であった。しかも兄の吉左衛門は弟彦太夫の所行をある程度まで知っていながら、見て見ぬふりをしたり、時には庇ったりしたのであり、そのため被害を蒙った者も吉左衛門・彦太夫の権勢を恐れて泣き寝入りせざるをえなかった。

彦太夫の横暴や「不正」については高力忠兵衛が記した留書に多数あげられている（『雞肋編』下巻）。

例えば、島村（鶴岡市千石町など）の年貢地である田畑を取りあげて自分の屋敷としたが、その分の年々の年貢を支払わなかったので、その未納分は百数十俵となっていたという。未納分はやむをえず百姓たちが弁納していたものであろうか。

また、酒田の商人よりさまざまの品物を取り寄せて購入したのに、代金を支払わなかった。村方で地境などをめぐって争いが起こり裁判となっても、兄の吉左衛門に頼んで、無理矢理にでも自分に懇意な百姓の勝訴にしたという。当時、このような不公平な裁判もあったわけである。

兄の家老末松吉左衛門もこの事件に関する責任を問われ、寛文十二年（一六七二）に隠居を命じられた。

寛文年間にもなると、社会の治安もかなり落ち着いてきたはずであるが、なお末松彦太夫事件のような殺伐とした事件が起こったのであり、その際には町人たちは息をひそめて事件が終息するのを待たなければならなかった。それでも、次第に無法が通らない時代に移っていくのである。

収支の不均衡が現れ始める

十七世紀後半の寛文・延宝年間（一六六一～八一）は、一般には幕藩制社会の確立期とみなされている。庄内藩でもこの頃になると、藩のしくみが整うとともに、領内においても小農民を中心とする村が形成されつつあったし、また二つの城下町を中心に商工業も次第に発達した時代であったとみられる。

商工業の発達とともに、藩の財政や家臣の経済も急速に膨脹する一方、収入は固定的であったため、収支の不均衡な状態が現れ始めていた。庄内藩もすでに三代藩主忠義の代から財政の悪化がみられた。

右のような状態において、藩は年貢米を増加させて、その年貢米をできるだけ有利に販売して、より多くの収入を得る必要があった。

このような時代の要請に応えて辣腕を振るって、寛文・延宝年間の庄内藩の財政や農政を牛耳ったのが郡代の高力忠兵衛であった（『鶴岡市史』上巻）。

　忠兵衛の家は、庄内藩初期の家老但馬守の一族であるといわれる（『大泉紀年』下巻）。

　忠兵衛は、酒井家が庄内に入部する以前、元和二年（一六一六）頃の生まれである。若年の頃から聡明という評判であったという。寛永十年（一六三三）に部屋住みの身ながら父親の知行とは別に忠兵衛にも知行百五十石が給された（同前）。数え十八歳のことである。それだけ有能な藩士になると期待されたわけである。

　父親は大山町奉行、御使役などの役職を経て寛永十四年に酒井忠俊（初代藩主酒井忠勝の二男）の付き人となり知行三百五十石となった。忠兵衛も父親とともに忠俊に仕えた。明暦元年（一六五五）に忠兵衛は家督につき知行三百五十石を相続した（『新編庄内人名辞典』）。

高力忠兵衛の「新政」

　ところが、仕えていた酒井忠俊が寛文元年（一六六一）に死去したので、忠兵衛は一旦浪人になったようであるが、同三年に庄内藩の家臣に復帰し物頭に任ぜられた。そして翌四年に大目付に就任した。やはり、もともと能力のあった人物だったのであろう。

大目付として手腕を存分に発揮したのが、前述のように寛文十年五月に起こった末松彦太夫事件であった。

その働きが認められて、翌十一年九月に忠兵衛は郡代に抜擢されたのであった(同前)。『大泉紀年』(下巻)に九月二十七日のこととして、

高力忠兵衛重成、今日御郡代仰付らる

とあって、郡代は藩の農政を統轄するとともに、藩の財政を司るという要職である。

高力忠兵衛の郡代としての業績について、『新編庄内人名辞典』では、簡潔に次のように記述している。

延宝二年(一六七四)広野新川を開削して酒田を洪水より救い(中略)、藩財政強化のための西回り回米制度を実施したほか、貸米制による年貢の増徴等で農政改革を強行して成果を収めた。

すなわち、従来の評価では郡代高力忠兵衛の主たる「功績」として三点をあげていることになる。

まず第一に、最上川下流部において、落野目村（酒田市新堀地区）のあたりから西に広野新川を開削して、最上川の河道を改めて、酒田の町を洪水から救うことに努めたことである。『大泉紀年』（下巻）では延宝二年に始まり同七年に完成したとする。

第二に、年貢米の廻米方法を改めたということである。従来は、酒田湊などより船により廻送された米穀を敦賀（福井県）などで陸揚げし、馬に積み替えて山を越して琵琶湖まで運び、再び舟運によって大津や京・大坂に出すか、それとも駄送のまま桑名を経て江戸に廻送された。いずれにせよ日数を要するうえ、運賃は嵩むし、何度も積み替えるので米俵も傷むことになった。

幕府は河村瑞賢に命じて寛文十二年に西廻り航路を刷新・整備★させて、出羽天領の年貢米を直接江戸に廻米することにした。

おそらく、河村瑞賢の廻米改革を見聞したうえで、高力忠兵衛は西廻り航路による大坂廻米の有利さを藩主忠義に上申し、許可のもとに延宝二年より年貢米を大坂に直送することにしたのであった。

それにより、運賃は大幅に軽減し、藩の貨幣収入を増大させたという（『鶴岡市史』上巻）。米俵も傷まず米の品質の保持も良好で、その分有利な値段で販売できたことも与っていたはずである。瑞賢が刷新・整備した西廻り航路を利用したものといえそうであるが、新たな販売ルートを独自に開発する必要もあったと

▼**西廻り航路の刷新・整備**
出羽天領の年貢米を海船により直接江戸に廻米するために、西廻りの航路を改めて整備したもの。

みられ、当然失敗する恐れもあったわけであり、一応英断であったといえよう。

実は、庄内藩は明暦元年（一六五五）頃に敦賀廻米と併用する形ながら、一度大坂へ直接廻米したことがあった。しかし、この時は一、二年のことで中止となり、継続されなかった（拙稿「近世前期庄内藩の上方廻米」）。つまり、高力忠兵衛は中止となっていた西廻り航路による大坂廻米を再開したものであったことになる。

第三に、農民たちの私的な貸借を破棄させるとともに、以後農民たちの脇借《わきがり》りを禁止し、農村に商人や高利貸資本が侵入するのを排除して、そのうえに立って最大限の年貢高を確保しようとした。そのために定免法のもと春請免《はるうけめん》★の採用など硬直した年貢制度を実施し、原則として不作引きを行わず、それによって生ずる年貢米の未納分を貸米の取扱いにして年三割の利米を取り立てるなども行った。

これらの施策によって、当座の間は藩財政はかなりの増収となったのである。

郡代としてしばらくの間、高力忠兵衛は藩主忠義の全幅の信頼を受けていて、延宝二年に百石、同六年に百五十石と二度の加増があって、知行六百石となり（『大泉紀年』下巻）、家中の中でも上士の家格に進んだのであった。

忠兵衛としてはそのまま順風満帆の人生を送りえるはずであったろう。

▼春請免
春の時点で定免どおりの年貢とし、減免をしないことを村々に承諾させる。

広がる農村の疲弊

郡代高力忠兵衛主導による強引な増租策は、農民の困窮を招き、農村が疲弊した。

忠兵衛が郡代に就任してから六年ほど過ぎた延宝五年（一六七七）頃には、農村の状態はすでに深刻な段階に達していたとみられる。同年九月に大目付大場宇右衛門は主君忠義にあて言上書を差し出したが、その中で、

一、御前え偽成ル儀も実義のようニ御耳ニ達し申すべきやと存じ奉り候事

（『大泉紀年』下巻）

と記して、婉曲ながら忠兵衛などからの忠義への報告は事実を述べておらず、さも事実のように粉飾されているのであり、実際には困窮した農民たちが農政への不満から幕府に訴え出る恐れがあることを訴えていた。

それを裏書きするように、同じ九月に庄内八組惣百姓の名前で右の大場宇右衛門宅に訴状が貼り付けられており、そこでは忠兵衛主導による農政の実態とともに、忠兵衛の蓄財や同人取巻きたちの綱紀の紊乱についても批難していた（同前）。

▼正しくないことでも、藩主には正しいことのように偽って報告されている。

同年十二月に大場宇右衛門に提出された、徒目付久保村杢兵衛の調書は、おそらく上司の宇右衛門の指示によって調べたことの報告であろうが、そこでは、高力忠兵衛の専横ぶりと取巻きたちの職権濫用が詳しくあげられていた（同前）。

天和元年（一六八一）五月、四ツ興屋村（鶴岡市藤島地区三和）相馬半兵衛が来庄中の幕府巡見使に訴状を提出したが、藤島組を中心にして、年貢負担の過重と農村の疲弊が述べられていた。

農民の困窮による農村の疲弊は農民の状態を無視した強引な増租策に基因するものであった。年々の作柄によって年貢額を決める検見取を中止し、作柄を考慮せず一定の年貢額を納入させる定免法のうえに、春請免を実施して、不作・凶作の年にも全く減免されなかったことから、年貢を皆済できずに未納する百姓が多く出ることになった。

しかも、商人などからの借米・借金を認めず、年貢の未納分は藩からの貸米の形にして年利三割の利息をかけ、翌年に取り立てたことから、百姓たちの年貢負担の総額が年々嵩んでいくことになった。

相馬半兵衛の訴状では、藤島組の村々では、平年作ということであろうが中作での収穫米は一万六千俵余とみられるのに、借米元利を含めた年貢の総額は一万七千俵余にのぼり収穫米全部をそのまま納入しても年貢は皆済できないことになるので、百姓たちは田地や妻子を売り、ようやく納入していると記していた。

当然、農民の困窮状態は一年ごとにひどくなり、潰れ百姓も多数生じることになった。前述の延宝五年の張訴状《はりそじょう》★によれば、忠兵衛が郡代に就任してから六年ほどで、庄内に四、五千軒の潰れ百姓が出たとしていた。

中島善左衛門、米倉市左衛門ら忠兵衛の取巻きの諸役人たちの綱紀紊乱と分を超えた生活ぶりも目にあまるものがあった。

例えば、中島善左衛門は徒目付から延宝二年に知行五十石を与えられ家中の身分に昇進したが、職権を利用して蓄財をはかり、日頃の暮らし方は知行三百石の家臣でも及ばないような贅沢ぶりであり、酒田には妾を抱えていて「奢りハ限り無」いものであったという（『大泉紀年』下巻）。

高力忠兵衛自身も郡代という要職のかたわら、蓄財に励んでいたのである。農民は商人などからの借米・借金を禁じられていたが、忠兵衛は自分の米金を高利で貸し付けて利得をえたし、家来の「おとな権九郎」などを名義にして困窮した農民の田地を買い集めたのである。庄内藩ではこのような藩士による土地所持を禁じていなかったのである。忠兵衛は所持地に代家を営んで手広く手作を行っていたのであった。

▼張訴状
高官や役所の門などに貼り付けられた訴状。

高力忠兵衛の郷入り

庄内では、延宝五年（一六七七）か六年頃になると百姓たちの騒動がいつ起こっても不思議でない状況にあったのであり、そのことは藩主忠義の耳にもようやく達していたことから、在府がちの忠義は国元の家老石原平右衛門に対し、五カ条に及ぶ自筆の指示書を与えたが、その冒頭で、

一、領内ニ一揆ケ間敷《がましき》事出来候は江戸へ早々注進有るべく候……

（『雞肋編』下巻）

と、領内に百姓一揆などの騒動が起こった場合には至急江戸に注進することを命じていたし、二条以下でもその際の家老らの対応や取締りの人員手配などを指示していたほどであった。

高力忠兵衛の主導した「新政」による農村の疲弊のことばかりでなく、同人の専横や奢りなども、藩主忠義の知るところとなった。そのうえ、五代将軍綱吉の就任に伴って天和元年（一六八一）五月に派遣された幕府巡見使に領民から藩の農政を批難する訴状が提出されたこともあり、同年九月に忠兵衛は罷免され、上

田沢村（鶴岡市朝日地区）に郷入りを命じられた（『大泉紀年』下巻）。郷入りは僻地の村の百姓家に造られた座敷牢に禁錮となるものである。

欠所処分となって没収された忠兵衛の「私財」は、家来のおとな権九郎名義の分も含めて、金子が三二八両余、米が七四三俵余にのぼったし、また高三九二石余の田畑を所持していた。主として横山村・猪子村・成田新田村（いずれも三川町）にあったが、成田新田村は新田村であったし、猪子村も新田が多かったことを考慮すれば反別にして四〇町歩以上あったものと推測される。

忠兵衛は郷入り中の天和三年に死去した。

郡代高力忠兵衛主導の「新政」が失敗したことにより、庄内藩の財政は一層悪化していった。

これも庄内

庄内藩に預けられた「大名」たち

江戸時代、元禄年間（一六八八〜一七〇四）までの前期に、庄内藩は大名やその嫡子、合わせて四人を順次預かっている。四人について簡単に記しておきたい。

徳永左馬助昌重

美濃国（岐阜県）高須藩五万七百石の藩主徳永昌重は、寛永四年（一六二七）の大坂城石垣築造のお手伝普請に際して、自ら監督もせず他人任せにしたなどという不始末により、翌五年二月に所領を没収されたが、『徳川実紀』（第二篇）に二月二十八日のこととして、「けふ酒井宮内大輔忠勝にあづけられ、出羽の庄内へ遣はさる」とあるように、庄内藩に預けられた。初代藩主忠勝の時である。

おそらく昌重は城下鶴ヶ岡のうちで流謫《るたく》★の数カ年を過ごしたものと推測されるが、昌重の件について庄内藩側には全く記録がないようであり、忘れられた歴史となっている。

『徳川実紀』では先に続けて、「（寛永）九年戸澤右京亮政盛にあづけかへらる、同国新庄に至り、十九年六月十九日かの地に卒す」とあり、四年ほど庄内にいた後、同じ出羽国のうち新庄藩戸沢家に預け替えとなったのであった。

これは、おそらく寛永九年に庄内藩に熊本藩主加藤忠広が預けられることになったことにより、徳永昌重のほうが新庄藩に移されることになったものとみられる。

なお、『藩史事典』（秋田書店）で、「（寛永）五年二月所領没収のうえ出羽新庄藩主戸澤政盛に預けられた」とするのは、庄内藩での四カ年が抜けていることになり、不十分な記述である。

▼流謫
罪によって遠方に流される。

加藤肥後守忠広

肥後国熊本の大大名であった加藤忠広（清正の子）は寛永九年（一六三二）に突如罪に問われて、弁明の機会も与えられないまま改易となり、庄内藩主酒井忠勝に預けられることになった。幕府は謫居《たっきょ》★の地を、初め同じ出羽のうち村山郡左沢（西村山郡大江町）を予定していたが、庄内藩の要望で忠広は庄内の丸岡村（鶴岡市）に謫居することに変更された。

改易の理由として、嫡子光広の「謀反」があげられるが、これはまだ子供だった光広の「いたずら」であり、改易の最大の理由は、豊臣氏恩顧の大大名であったことであろう。

忠広主従らの一行は一時鶴ヶ岡に仮住まいしたが、丸岡村に居館が完成したので引き移った。

忠広たちの生活の資とするために、庄内のうちで丸岡領一万石が与えられた。庄内藩には代わりに左沢領一万二千石が与えられたので、庄内藩の領地高は差引き十四万石となった。

忠広としては、いずれ有免《ゆうめん》★される日が来るものと期待したのであろうが、結局許されないまま承応二年（一六五三）に死去するまで、丸岡で丸二十一年に及ぶ流謫の生活を送ったのであった。

忠広は鶴ヶ岡の日蓮宗本住寺に埋葬された。忠広より二年前に丸岡で死去した生母正応院の遺骸も本住寺に移されたのであり、現在も本住寺に忠広母子の墓所がある。

主君が没したことで、丸岡に随従していた家臣・従者・侍女たちは翌承応三年正月に丸岡を引き払い、一時鶴ヶ岡の町宿に仮住まいした後、多くは「通行手形」の発行を受けて六月頃に思い思いに庄内を去って行った。

家臣たちのうち六人が庄内藩に召し抱えられた。そのうち谷崎清左衛門は寛文十一年（一六七一）に御暇となって肥後国に戻ったという（『鶴ヶ岡大庄屋川上記』上巻）。

残りの人たちの子孫は幕末・維新まで庄内藩に仕えた。

▼謫居　罪を受け辺鄙の地に配流されること。
▼宥免　罪を許す。

島原藩の世子　高力伊予守

現在の鶴岡市家中新町のうちに通称「伊予様小路」がある。これは十七世紀後半の三代藩主忠義の時の一時期、庄内藩に預けられた高力伊予守常長（のち、忠弘に改める）が謫居した屋敷があったことに因んだものである（冨塚喜吉『鶴岡の小路』）。

伊予守の父高力左近大夫高長は九州・島原（長崎県）四万石の藩主であったが、苛政を行い、領民を苦しめたばかりでなく、自ら贅沢を専らにしたとして、寛文八年（一六六八）二月に領地を没収されて仙台藩伊達家に預けられた。二人の男子も父親に連坐して、それぞれ大名に預けられた（『新訂寛政重修諸家譜』第八）。長子伊予守は庄内藩に預けられることになった。

伊予守主従は三月八日に江戸を出立し、同十八日に鶴ヶ岡に到着した。一時、内川端の時宗長泉寺に仮住まいした後、新築された家中新町の屋敷に移された。

鶴ヶ岡での流謫の生活は十三カ年に及んだ。その間、幕府は伊予守主従の生活の資として当時庄内藩預地となっていた丸岡領の年貢米のうちから年々五〇〇俵（三斗五升入り）を支給した。

伊予守は延宝八年（一六八〇）九月に宥免となって、江戸に登った。三十三歳の時であった。三年近く過ぎた天和三年（一六八三）五月に五代将軍綱吉に拝謁し、同十月に廩米二〇〇〇俵を賜って旗本・寄合に列した。貞享二年（一六八五）十月に御小姓組の番頭に任命され、知行千石を加えられ、二〇〇〇俵の廩米も知行地に替えられたので、合わせて知行三千石となった。

元禄元年（一六八八）五月に御書院番の番頭に転じた。

ところが、配下の番士大岡五左衛門なる旗本が伊予守に恨みを抱き、元禄九年正月に斬り合いになって、運悪く伊予守は落命したのであった。四十九歳であった。伊予守に過失はないとして養子が認められたので、高力家は旗本として存続した（同前）。

本多出雲守政利

元禄六年（一六九三）六月に、名門の譜代大名だった本多出雲守政利が改易されて、庄内藩酒井家に預けられた。四代藩主忠真の時であった。それより政利は丸九カ年鶴ヶ岡のうちで流謫の生活を送ったのである。

本多政利は、酒井忠次らと並んで徳川四天王と称された本多平八郎忠勝の直系の子孫であり、父政勝の遺領などを与えられて、明石藩（兵庫県）六万石の藩主となった（『新訂寛政重修諸家譜』第十一）。

ところが、政利の治政が良くなく領民が困窮しており、延宝九年（一六八一）二月に、派遣された幕府巡見使に領民がそのことを訴えたことから、「家政よろしからず」として領地を没収され、改めて陸奥国大久保領（福島県岩瀬村）一万石を与えられたものの、さしたる罪もない侍女を殺害したため、再度領地を没収され、庄内藩に預けられたのであった（『徳川実紀』第六篇）。

政利は元禄六年七月五日に鶴ヶ岡に到着した。同人が幽閉された場所を、『鶴岡市史』（上巻）では鶴ヶ岡城三の丸のうち、小姓町（若葉町）で現在の山形県立鶴岡北高校の所であったとする。『新編庄内人名辞典』では、小姓町であったとする一方、一説に家中新町とする見解があることも併記している。

「閑散文庫」（鶴岡市郷土資料館）の中の一冊に、家中新町にある酒井家の菩提寺大督寺の一軒置いた隣に「出雲殿住居」（本多政利屋敷）が描かれている絵図が載せられており、小姓町以外にも政利幽閉の地があったことは明らかである。小姓町より家中新町のほうが後のものと判断されることから、おそらく、政利預かりのことが急だったので、一時小姓町に仮の住居を準備して政利を謫居させたが、正式の住居を大督寺の近くに建築していて、そこが完成すると同時に移ったものと判断される。

警備は藩士たちが交代で当たったのであり、九カ年も続いたことで、藩士たちにはかなりの負担になったとみられる。

政利には家臣二名が従士として近侍することが許された。

政利は二度までも大名の地位を危うくするような行動があったように、もともと我が儘な性格で、自分の感情を抑制することが苦手だったのであろうし、鶴ヶ岡での不自由な生活の年数が長くなるにつれて、狂暴な振舞いが多くなったようである。不満のはけ口を専ら従士二人に向けたのであり、時々暴力を振るったのであった。

九年近く過ぎた元禄十五年四月朔日夜にも、従士たちに暴力を振るったが、その時は隠し持っていた葺師用の雁木で打擲《ちょうちゃく》し怪我をさせたのであり、とうとう我慢のならなくなった従士たちは庄内藩にこれ以上の奉公はできないと訴えた。庄内藩では大目付の役人を江戸へ派遣し幕府に届け出たので、幕府は早速目付など役人を下向させて検分させた。

それにより、政利は七月に江戸に召喚されて、改めて岡崎藩（愛知県）水野家に預け替えとなった。二人の従士は伊豆大島に遠流となった。政利は宝永四年（一七〇七）十二月に岡崎の配所で死去するまで、さらに五年余り幽閉の身を送った。

政利が岡崎藩に預け替えとなると同時に庄内藩は閉門を命じられた。藩主忠真の閉門は翌十六年四月まで続いた。

六月下旬に新任の家老内藤宇右衛門が江戸より鶴ヶ岡に着き、本多出雲守一件に関した処分を国元に伝達した。

国元家老の長谷川権左衛門・疋田市右衛門《ひきだいちえもん》の両人をはじめ組頭一人、番頭三人が永暇《ながのいとま》を命じられて庄内藩を去ったし、他にも郷入りなどの処分は十人以上に及んだ。

結果として、庄内藩の重臣たちが大幅に入れ替わることになったのである（拙著『江戸時代の庄内を彩った人たち』）。

これも庄内

お国自慢 これぞ庄内の名産

庄内自慢の物産をちょっとだけ紹介

だだちゃ豆

近年、おいしい枝豆の代表的ブランドとして知名度も抜群になり、ネット販売で入手も容易になりました。味の濃さ、香りの高さは格別で「これまで食べていた枝豆はなんだったのか」というほど。

外形では、うぶ毛が茶色っぽいのが特徴。同じ豆をほかの地域で育てても風味が劣るものしかできず、鶴岡とその周辺特有の土と自然環境ならではの、文字通り特産物と言えそうです。

父ちゃんの方言「だだちゃ」が呼び名の由来と伝えられています。

とちもち

アクの強い栃の実を餅の材料として使えるように工夫した先人の知恵と根気には敬服します。乾燥した実を水で戻し、流水や灰で何日もかけてアク抜きして、やっと餅に加えて搗くに至るという代物ですから。お陰で独特の香り、滑らかな食感、濃厚な味わいを楽しめるというわけです。

絵ろうそく

享保年間（一七一六～三五）に皆川重兵衛によって始められたと伝えられている、花、源氏車などを顔料で描いた手作りの和蠟燭。その華やかさと品質の高さが江戸でも評判になり、酒井公参勤交代の際の献上品として定番化しました。大正末期以降は印刷による大量生産が徐々に主流となり、現在、伝統的な手作り蠟燭は、富樫絵蝋燭店製造・販売のもの（写真）だけとなっています。

庄内竿

武士のたしなみとして藩が奨励したこともあって、藩士たちは磯釣りの腕と釣り竿作りの技を競いました。享保年間にその機運が高まり始め、享和（一八〇一～〇四）の頃には広く定着していたようです。この地方の苦竹《にがたけ》を用いた延竿《のべざお》（継ぎ手のない一本竿）で、塗りを施さず竹の地肌を生かした、素朴にして渋さを味わいとする武家好みが大きな特徴。また、竹の根の部分をいかに美しく利用するかも重要なポイント。

第三章 江戸時代中期の庄内藩

次第に財政難に陥り、再検地の提案や改革が実施された。

1 財政難による上米と御用金

健全な財政で出発した藩政は元禄時代には財政悪化が現れ始め、藩士からの借り上げと豪商への御用金提供依頼が多発しだした。このころ鶴ヶ岡の豪商小野田家や地主家が藩財政を支えた。

財政の悪化

初代藩主酒井忠勝の遺金が十数万両に及んでいたとみられるので（『雞肋編』下巻）、二代藩主忠当の十七世紀中頃までの庄内藩の財政はまずは健全であったといえる。

しかし、三代藩主忠義の代になると、収支が均衡しないようになって、そのため忠勝以来の遺金も費消されてしまい、年々の不足分が累積されて、財政は窮乏することになった。そのため、御用金を課するようになった。

四代藩主忠真《ただざね》の代になると、その前半がいわゆる元禄時代であり経済の発展がめざましく、その分財政の悪化は著しく進んだ。すでに元禄初年には財政難であることを理由に藩はしばしば出費を抑える動きを示し始めた。

鶴ヶ岡町大庄屋の記録にも元禄三年（一六九〇）のところで、「只今ハ公儀ニ御金無」くと記しているほどである。(『鶴ヶ岡大庄屋川上記』下巻)。この場合の「公儀」は庄内藩のことを指している。

財政難の理由の一つは、しばしば幕府から手伝普請を命じられたことである。例えば、延宝八年(一六八〇)には四代将軍家綱の御霊屋の普請手伝いを命じられて工費二万八五〇〇両を支出した。江戸屋敷の一年間の総支出に匹敵する金額であった。また宝永四年(一七〇七)には富士山の大噴火によって破壊された東海道の藤枝(静岡県)付近一七里の修復を命じられたが、その工事は二万二〇〇〇両に達した(『鶴岡市史』上巻)。これらの工事費が藩財政にとって大きな負担となり、財政が悪化することは当然のことであった。

それ以上に藩財政が窮乏することになったのは、元禄期を中心とした経済の発展の影響である。基本的に年貢米に依存している収入のほうはほとんど増収しなかったのに対し、消費経済の進展とともに支出の増加が著しくなったことである。殊に江戸屋敷の支出の増加が顕著であった。元禄十五年(一七〇二)~宝永三年(一七〇六)の五カ年の平均では、庄内での支出が七一八〇両であるのに対し、江戸での支出が三万二五〇〇両であり、約四・五倍となっていた。江戸藩邸の存在が藩にとって財政上の大きな負担となっていたことが明らかであった(『雞肋編』下巻)。

その場合、三代藩主忠義と四代藩主忠真は国元庄内よりも江戸での暮らしを好んだようであり、病気などを理由に庄内に帰らず、江戸に滞在していることが多かったようである。しかも、忠義はともかく忠真はかなり贅沢好みで、出費を厭わなかったようである。それらのことも江戸での出費を一層膨脹させたわけである。

当時は京都などの上方商人による恒常的な資金の融通が藩財政にとって不可欠なものとなっていたが、元禄六年頃に二人の京都商人が何故か融通を中断させたため、同年夏になって藩の財政に支障が生じるという事態に陥ったほどであった。

上米と御賄

財政難を多少なりとも緩和するべく、藩は元禄三年（一六九〇）より上米《あげまい》制を実施した。家臣たちに与える物成米・切米等を「借上げ」という名目で事実上減額するものであった。『雞肋編』（上巻）所収の「御家中より御借上米年月聞合書」には、

一、元禄三庚午年仰出さる、同十一戊寅迄九ヶ年之間、高百石ニ付弐拾俵上ケ、
　但右年数之内亥・丑両年高百石ニ付拾俵ツヽ上ル

とあり、元禄三年から同十一年までの九カ年のうち、高百石につき七カ年は二〇

俵ずつの減米、残り二カ年は一〇俵ずつの減米であったとする。仮に高百石の物成米を百俵（納《おさめ》四斗入り）★とすれば、上米一〇俵であれば物成米の一割、上米二〇俵であれば同じく二割の減米ということになる。しかも、元禄十年に家中全体より手伝金の名目で一万両を提供させたようである。（『雞肋編』下巻）。

藩ばかりでなく、それ以上に家臣たちも困窮していたのであり、右のような恒常的な上米の実施や手伝金の提供は家臣たちの窮乏を一層募らせることになった。

しかも当初は実施の年季を設けての限定的な適用だったはずであるが、結局は恒常的な実施となった。すなわち、元禄三年（一六九〇）より寛政十一年（一七九九）までの百十年間をとってみても、上米が中止されたのは三回で合わせて十一カ年であり、残り九十九カ年は上米が実施された。上米の高は高百石につき五俵〜四五俵と時期によって差異があった。

ところが、そのほかに御賄《おまかない》ということも行われた。御積《おつも》りとも称したようである。この場合は、一時的ながら物成米の支給を全面的に中止し、代わって、例えば寛保元年（一七四一）のように、高百石につき米三俵ずつと一人につき一日米六合、ほかに雑用金として高百石につき銭七五〇文を与えるものであった。すなわち食糧と小遣い銭だけを支給するというのであった。御賄も右百十年間に四度、合わせて十四カ年行われた。

上米はもちろん、御賄の期間には家臣たちの生活は大層厳しい窮乏生活を強い

▼納四斗入り
米一俵は庄内では通常五斗であるが、年貢米では「納四斗入り」と記されているものの、実際には二割増しの四斗八升が入る。しかも、五升程度の足し米がされ、実際は五斗三升ぐらいが入っていた。

られたことであろう。そのため、家臣たちはほとんど購買力を失ったわけであり、城下鶴ヶ岡の町々も経済的に大いに沈滞したことであろう。

領内豪商への御用金

領内を対象とした御用金の割当ては、元禄以前には専ら酒田商人に対して行われたようである（『雞肋編』下巻）。まだ城下町鶴ヶ岡には富裕な商人は存在していなかったためとみられる。

初めて鶴ヶ岡商人にも御用金が命じられたのは史料的には貞享四年（一六八七）のことであった。実際の納入は翌元禄元年であったが、合わせて九五〇両であった。各町数人ずつに対し、一〇両から一〇〇両ぐらいで、最高でも一五〇両ほどで、それほど高額の提供ではなかった（『鶴ヶ岡大庄屋川上記』上巻）。ところが、元禄期に入ると鶴ヶ岡にも豪商といえるような富裕な商人が登場してきたようである。

藩の財政難が進むとともに割り当てる御用金は高額化していく傾向にあったが、それに応じえるような豪商が育ってもいたのである。

例えば、宝永元年（一七〇四）には、鶴ヶ岡で五人に対し一万三〇〇〇両、酒田でも五人に対し七〇〇〇両、合せて二万両の御用金を命じた。その際鶴ヶ岡荒町の小野田吉右衛門は六〇〇〇両を提供した。他の九人は千数百両～二〇〇〇両であった。小野田家は宝永五年には四〇〇〇両、同七年にも八〇〇〇両を提供していて、断トツであった（拙稿「近世中期城下町鶴ヶ岡の豪商小野田吉右衛門家」）。「先祖勤書」では、同家は元禄十三年（一七〇〇）から藩の御用米・御用金を勤めるようになったとするが、同年七月に六〇〇〇両、同十二月に五〇〇〇両、翌十四年にも五六〇〇両など、前の分に先立ってすでにかなりの米金を提供していたという（鶴岡市郷土資料館、小野田家文書）。

小野田家の先祖は最上家に仕える武士であったが、最上家の改易により商人になったものと伝えられている。それでも元禄期以前は特に目立った存在ではなく、元禄期に成長した新興商人であったとみられる。

小野田家の本業は醤油屋であったと伝えられている。ほかに酒造も行っていたし、おそらく藩の物成米や米札の売買などにも関わっていたものと推測される。比較的自給性のある醤油の醸造・売買によって豪商にまで成長したとすれば、庄内における農業をはじめとする経済の発展が前提となろう。

どうやら、十八世紀初めの宝永年間頃には、庄内では湊町の酒田よりも鶴ヶ岡のほうが経済的活動が活発であったかと思われる。そのことは、日本海交易などによる経済の発展が酒田を介して鶴ヶ岡にも及んできたというよりも、庄内地方自体の経済発展があり、その影響がまず城下町鶴ヶ岡に及んだものと考えることができよう。

小野田家に次ぐような豪商として五日町在住の地主長右衛門があげられる。同家は初代五郎左衛門が酒井忠勝の庄内入部に際し随行し鶴ヶ岡に来住したというが、しかし江戸時代前期には特に目立った商人ではなかったとみられる。十七世紀末頃に目抜き通りである「通り丁」に屋敷を構えるようになったが、初めて御用金として五〇〇両を提供したのが元禄初年のことのようであり、同五年にも二〇〇〇両を提供したとする（「地主家系並勤書」）。前述の宝永元年、同五年、同七年の三カ年にもそれぞれ二〇〇〇両ずつを提供した。小野田家の家運が衰退に向かうと、十八世紀後半以降しばらくは鶴ヶ岡第一の豪商として、一時期酒田・本間家に並ぶような経済力を誇っていたようである。地主家の本業は古着屋ではなかったかと推測されるが、はっきりしたことは不明である。同家は元禄年間から田地の取入れを積極的に行い、十八世紀後半には五百石以上の田地を所持していたとみられ、本間家が大地主として登場してくる十八世紀末の天明・寛政年間以前には庄内で最大の地主であったと推定される（拙稿「庄内藩御家中に転身した豪商」）。

右のような鶴ヶ岡・酒田の豪商たちに藩はしばしば多額の御用金等を課したが、それにもかかわらず藩財政は改善されなかったのであった。

② 四代忠真と享保の改革

十二歳で四代藩主に就任した忠真は、五代将軍の側用人に任ぜられたりし、在位は五十年におよんだが、前半は病気がちであった。藩財政はますます悪化、緊縮財政を旨とする享保の改革が行われた。

忠真の前半生

忠真《ただざね》は寛文十一年（一六七一）四月十四日に三代藩主忠義の長子として江戸に生まれた。父忠義が天和元年（一六八一）十一月に死去したので、翌二年二月に四代藩主に就任した。まだ数え十二歳であった。そのため幕府は当初、国目付二人を庄内に派遣して政務を監督させた（『新編庄内人名辞典』）。

酒井家は譜代の名門ながら忠勝、忠当、忠義の三代は幕府の要職に就くことはなかったが、忠真は早々に要職に就いた。まず、元禄六年（一六九三）正月に五代将軍綱吉により奥詰の役を命じられた（同前）。二十三歳のことであった。奥詰の役は綱吉の代に設けられたもので、江戸城本丸の中奥の山水の間に祗候《しこう》し、将軍の呼び出しがあると話し相手となったりする役目であり、将軍お気に入りの大名が選ばれたという。朱子学を愛好した綱吉の話し相手となるのであり、忠真も若年ながら朱子学を結構学んでいたようである。

そして、わずか十数日後になるが同年二月に側用人に任じられた（『新編庄内人名辞典』）。その際、奥詰の役は免じられたことであろう。側用人も綱吉の代に新設された役職であり、常時将軍の側近にあって補佐し、将軍の命令を老中に伝達するとともに、老中の上申を将軍に取り次ぐ役目であり、老中と同等の待遇を受ける役職であって、将軍のお気に入りの譜代大名が任命された。なお、初め老中と若年寄の中間に位地したが、貞享元年（一六八四）に大老堀田正俊が暗殺されてから、側用人の権勢が高まったのであった（角川『日本史辞典』）。忠真より五年前に側用人となった柳沢吉保や後年の田沼意次がその代表的な人物といえよう。

どうやら忠真は将軍綱吉に気に入られていたのであろう。そのまま在任すれば幕閣にあってかなりの権勢を有しえ、あるいは老中にも就任しえたかとも思える。

しかし病気を理由に二十日ばかり過ぎただけの三月一日に側用人の役を辞したのである。

その後、健康が回復したためか、翌七年六月に再び奥詰を命じられて同十五年二月まで八カ年近く在任した（『新編庄内人名辞典』）。しかし、側用人には再び任ぜられることはなかった。

なお、忠真は藩主には五十年ほど在任したが、少なくとも前半十年ほどは健康の問題があったようである。ただ、その間においても数年に一回程度は参勤交代で鶴ヶ岡にも戻っているので、病気といっても身体上ばかりでなく、精神的なものもあったのではないかと推定される。例えば、その頃のこととみられるが、やはり参勤交代で鶴ヶ岡に戻り、新年祝賀の御目見の際のこと、登城した領内大庄屋たちに対し、家老の疋田市右衛門の申渡しでは、忠真が病身であるので大勢の大庄屋たちに一人ひとり御流れの酒を与えるのは「退屈」と思われるはずなので、以後は簡略化することになったということがあった（「仲間勤書之内書抜並古記」鶴岡市郷土資料館清川・斎藤家文書）。軽いノイローゼといったことではなかったろうか。

前述のように、元禄六年六月に播州（兵庫県）明石藩の元藩主本多出雲守政利が庄内藩に預けられることになった。政利は鶴ヶ岡で丸九年謫居の生活を送った。

宝永二年（一七〇五）は領内の川北を中心に旱損の被害があり、その被害高は三万九千石余に及んだ（「龍門斎松平家臣之筆記」、『雞肋編』下巻）。

宝永四年十一月に富士山が噴火し、その降灰を取り除いたり、被害個処を修復するため、東海道の藤枝付近の修築工事を命じられた（『徳川実紀』）。

その間、財政の状態がますます悪化していたので、農民の困窮を救済する名目のもとに、藩財政を改善するため、宝永元年頃のこととみられるが、徴租法を定免法から検見取へ転換することが老職間で話し合われたことがあったが（「古御用状之写」、『雞肋編』下巻）、忠真の承認が得られなかったのか実現には至らなかった。

家老の諫言

藩主忠真は元禄二年（一六八九）八月に初めて国入りしたが、早速家老たちに知行三百石ずつの加増を行ったし、翌三年正月には黒川村（鶴岡市櫛引地区）の百姓八五人を城中に呼び寄せて黒川能を観た（佐藤三郎『庄内藩酒井家』）。庄内藩主としては初めての上覧だったという（桜井昭男『黒川能と興行』）。祭りや芸能を好んだようである。

元禄十年には、財政難の中金一〇〇両を寄進して、鶴ヶ岡三大鎮守の一社下山王社（日枝神社）を改築させるとともに境内を大幅に拡張させたし、宝永元年（一七〇四）には初めての神輿が渡ったが、その際城中より鑓・弓・鉄砲などを貸し出した。また四所宮（春日神社）では元禄四年に流鏑馬が許されたという（『大泉掌故』）。

藩が財政難に陥っていたにもかかわらず、忠真は節倹に努めようとはしなかった。忠真は藩財政については以下のように考えていたという。国（藩）を富ませることは必ずしも善いことではなく、かえって家臣や領民を苦しめることにもなる。また藩が財政難であるからと幕府に処分された大名はこれまでいない。そんなわけで、自分は窮乏していることを憂えないが、家臣や領民を苦しめることを憂える、というのであった。家臣や領民のことをあげてはいるが、結局のところ自分の出費を抑制することはしないということであろう。

藩主忠真の言行が右のようであったことから、藩財政はいよいよ窮迫することになった。そのため宝永四年十二月に国元家老の水野内蔵助、上田頼母、松平武右衛門の三名が連名で忠真に諫言書を提出した（「酒井家世紀」巻之六）。

諫言書は二十数カ条に及ぶ長文なものであるが、そこでは前述のように江戸での出費が庄内でのそれに比べて四、五倍になっていたことなどで、歳出が歳入の二倍になっていること、出費増が主として忠真の御清メ信仰、美食、近習・用人などの過剰な召し抱え、衣服・調度品などの贅沢、一族への過大な手当などによるとして、翌年より三カ年の倹約を申言するとともに、嫡子の忠辰《ただとき》のためにも日常の生活態度を改めることを求めていたのである（「乍恐御為之儀御勝手向之事存寄共申上候覚」、『雞肋編』上巻）。

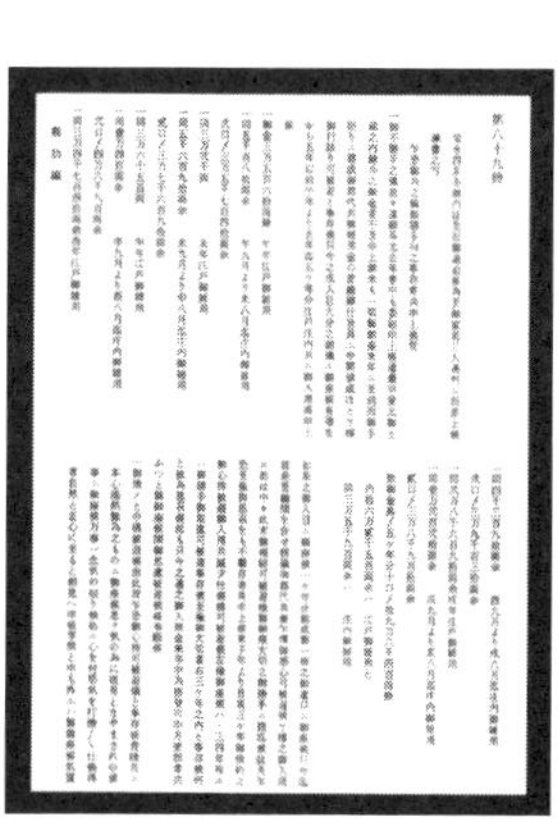

家老水野内蔵助ら三名の諫言書（一部、『雞肋編』）

忠真の病

どうやら、忠真は精神的に不安定な状態にあって、前述のように軽いノイローゼを病んでいたのではないかと推測される。そのためか、御清メという呪術的な行為を毎日朝晩というように頻繁に行っていたが、これがかなりの出費となっていた。また寝付きが悪くて安眠できないためか、昼と夜を取り違えたような生活になっており、それに伴い夜中に食事をしていたために、糖尿病のような病気になっていた可能性があろう。しかも、起床の時間が遅いため、月に三度の江戸城への出仕でも刻限が大幅に遅くなっていて、他の大名が下城する刻限になってようやく登城するような有り様だったとされる。

側用人という要職を僅かの日数で辞することになった病気というのも、右のような生活から生じた身体的なものばかりでなく、精神的な部分もあったとみられる。精神的な病気は曾祖父で初代藩主忠勝が多数の家臣・領民を殺害したことに基因するようであり、父忠義も彼ら犠牲者の亡霊に苦しめられていたといわれ、忠真もそのことから脱け出ることができなかったものであろう。

家老たちの諫言を忠真は聞き入れなかった。そのため一層財政難になり、ついに忠真の御手許金にも差し支えるようになった。そこで、初代忠勝が買い求めて重代の家宝となっていた潮音堂額と割高台茶碗を、合わせて金一〇〇〇両で質入れする始末に至ったのであった（『鶴岡市史』上巻）。

ところで、右のような諫言書を中心となって提出した家老の水野内蔵助（重治）であるが、宝永六年四月に江戸詰を命じられ江戸家老となったが、それを契機に江戸商人との不明朗な関係、吉原などでの大金を消費しての遊興など、悪い噂がしばしば聞かれるようになった。しかも江戸家老の上田頼母の遊興もあり、そのため江戸藩邸の規律も乱れるようになったようである（『雞肋編』下巻）。そのため、ついに正徳二年（一七一二）に至って、両人は勤め方が良くないとして家老職を罷免されたうえ、庄内に戻された（「龍門斎松平家臣之筆記」）。そして正式の処分は同年六月に申し渡された。水野内蔵助は半知を召し上げられ九百石とされたし、上田頼母は三百石減らされ七百石となったうえ、両人とも閉門となった（『新編庄内人名辞典』）。

その頃、忠真自身も遊興していたようであるし、その後もしばらくは節倹などは眼中になかったようである。

庄内藩の享保の改革

享保年代に入って藩の財政は好転するどころか、ますます悪化していくことになった。

増収をはかるため、享保四年（一七一九）に川北・荒瀬郷を除いて下免の村々に増免を実施した。また村々への貸付米を回収するため翌五年から十カ年賦での回収計画を立てた（斎藤正一『庄内藩』）。

ところが、享保五年にウンカの虫害により大凶作となった。年貢の徴収にあたる大庄屋・村役人に神文（起請文）を書かせて厳しく実施させた。それでも大幅な減収は避けられなかったはずである。

郷村の諸経費を少なくするために、享保六年には鶴岡三日町に定宿である代屋《たや》を建て、郷方役人を止宿させることとし、町宿の使用を禁じた。

そのうえ、幕府の享保の改革の影響により、享保七年から米価が下落した。主として年貢米を上方などに輸送し販売していた庄内藩にとっては困ったことであり、財政状態は一層悪化することになった。

すでに前年六年には塩荷口銭・酒田湊口銭・酒役銭を新設したし、既存の澗役《あがりのま》銭★・漆役銭などを増徴した。

そして、本格的な享保の改革は北楯助次郎《きただてすけじろう》が郡代に就任した享保十三年に始まった（同前）。藩主忠真も了承しての改革であったはずである。

北楯助次郎の先祖は、最上氏時代に北楯堰を開削したことで知られる北楯大学である。助次郎は大学の数代後の子孫である。分家となり、宝永五年（一七〇八）に代官に就任し、その後元締兼吟味役を経て郡代に昇進したものである。同人を中心に以後十数年に及んで享保の改革が実施された。

享保十五年一月に領内村々に対し、一率に免を一分（一パーセント）引き上げることが命じられた。庄内藩の実高を二十万石として、増米される分は二千石であり、俵にして五〇〇〇俵（納《おさめ》四斗入り）となる。もちろん、これだけでは根

▼澗役銭
港で取立てる役銭。

本的な解決とはならない。不景気のため領内の町人らに御用金などを課することも考えられないことであった。そこで、三割減の緊縮財政を実施した。各役所の予算を三割削減するものであり、藩主忠真に関わる経費も例外ではなかった（同前）。忠真の協力がなくてはできないわけである。また、諸役人の人員削減を行った。しかし、削減は限定的なものにならざるをえなかった。

さらに、不作の年などに農民に与える手当引き★について、「過分」な手当引きをやめるとともに、一斗以下の少額の手当引きを廃止することにした。

以上は藩の収支に関した改革であるが、増租などで影響を受けることになる農民に対しては、その出費を削減するために、次のような改革が実施された。

まず、郡中諸雑用の削減である。郷方役人への音物（贈り物）の禁止、郷方役人等の廻村時の賄い代の定額化、目こぼれ米の農民への返還、大割・組遣・村遣など諸雑費の一本化と大庄屋による監査、年貢米の酒田出しの際の船賃適正化、など十六カ条にも及んだ。

次に郷普請などに際しての人馬割当ての削減である。享保五年から実施している郷普請の町人請負を中止し、以前のように郡奉行の取扱いに変更した。そのうえで、普請人足及び給米の増加を抑制するとともに、人足代米の取立ては、村高百石につき七俵と定めたのであった（「享保十五年戌春八組郷中諸雑用減少吟味覚帳」、『雞肋編』下巻）。

▼**手当引き**
正式の減免とは別に、不作の年に与える手当米。

松尾芭蕉の句碑
珍しや
山をいで羽の
初茄子び

松尾芭蕉は元禄二年（一六八九）六月十日、鶴岡に到着し、三日間の滞在の後、写真の内川から川舟に乗船して酒田へ

③

五代忠寄の治世

五代忠寄の時代にも改革は継続され、一時期は財政も好転しが、
幕府より日光山普請手伝いを命じられ、再び財政は悪化した。
その後、忠寄は老中に就任、酒田の大火もあり、財政はますます悪化する。

改革の続行

ところが、翌享保十六年（一七三一）八月に藩主忠真が死去した。実子の忠辰はすでに亡くなっていたので、養子忠寄《ただより》が家督に就き五代藩主となった。忠寄は支藩松山藩の二代藩主酒井忠予《ただやす》の二男であった。

藩主が交代しても、改革の方針はそのまま受け継がれることになった。早速、享保十七年には厳しい倹約令が出された。

元文二年（一七三七）に領内の豪商・豪農に御用金を課した。翌三年には家中に対し、高百石につき一俵の割合で寸志米を差し出させたし、そのうえ高禄者一七人に一部知行の返上を命じた（『庄内藩』）。

すでに、元文元年五月に幕府は貨幣改鋳を行って新たに元文金銀を発行したのであり、それを契機に米価が回復に向かったことから、改革とも相俟って庄内藩

の財政も一旦好転した。

しかし、元文四年に日光山普請手伝いを幕府より命じられたうえ、寛保元年（一七四一）に藩主忠寄が将軍の使者として上京したので、四万八四七〇両もの莫大な出費となり、財政は再び悪化した。

その上京の際の行列が美々しく飾り立てられていたように、忠寄の贅沢も財政の再悪化の一因であった。

北楯助次郎らは出府して忠寄の裁可を得て、やむをえず寛保元・二年の両年に家中の物成米を取り上げて、代わりに食糧・小遣い銭を与えるところの御賄《おまかない》を実施することにした（「傳聞集抄」、「大泉叢誌」巻七十九）。寛保二年には下免の村々に増免を命じた（『鶴岡市史』上巻）。

しかし、享保の改革の中心となっていた北楯助次郎が寛保三年四月病死したのでそれに伴い改革も中止となったようである。

藩財政は悪化の一途を辿っていくことになる。

当時、農村は疲弊しており、困窮化した農民には堕胎や生まれたばかりの赤子を殺したりする間引きの風習が増長していた。そこで家老の水野元朗《みずのげんろう》はこれを憂えて、延享二年（一七四五）に領内に養育米制度を実施し、多産にして困窮な者には乳児が五歳になるまで年三俵ずつ扶持することにして、間引きの防止に努めた（同前）。

寛延元年（一七四八）藩は在・町十数名の者に二万二一五〇俵の御用米を課し、極窮な組（組合村）に貸し渡した。

五代藩主、老中に就任

五代藩主酒井忠寄は寛延二年（一七四九）九月に老中に就任した。その時まで、庄内藩は庄内・由利天領八三カ村・高二万九千石余のほか越後国蒲原・岩船両郡の天領一三六カ村・高三万四千石余を預かっていたが、慣例★により十月二十日をもって預地が返還されることになった。それに対し、預地村々は庄内藩の預地支配の継続を望んで、惣代の者四名が江戸に登り勘定奉行神尾若狭守に訴状を提出したし、次いで評定所の目安箱に訴状を投入したが、結局訴願は叶わなかった。ただ、訴願の件は九代将軍家重の耳にも達し、庄内藩の預地支配を賞讃する言葉が老中に就任したばかりの忠寄にあったという（「御預地向手扣」庄内町・故高橋正雄氏所有文書）。

翌三年五月忠寄の老中就任の祝賀の宴が同僚の老中たちを招いて盛大に催された。財政難の中であり、忠寄は同九月に自ら借米の書付を書いて、組頭里見四郎を国元に派遣し、総家中を礼服で登城させたうえで文書が示された。元禄三年（一六九〇）以来実施していた上米をこの一両年で中止するつもりでいたのに、

▼慣例による預地返還
藩主が老中に就任すると、預地を返還することが慣例となっていた。

結局継続することになったためである。この時の借上米は高二千石から二百石までが百石につき二〇俵ずつ、百八十石から百二十石までが同じく一五俵ずつ、百石から七十石までが同じく一〇俵ずつということであった（「酒井家世紀」巻之七）。

ところが翌宝暦元年三月に酒田で、延焼二四〇五戸、焼失米穀一〇万二六六七俵、焼死者八〇人という大火が起こった。財政難は一層深刻になった。

そのため宝暦二年（一七五二）に再び御賄を実施し家禄を取り上げることになった。翌三年まで二カ年実施された（『鶴岡市史』上巻）。

再検地・検見取の建議

その頃農政担当の役人の間には抜本的な施策を求める声が出てきた。寛延四年（一七五一）五月に郡代久米五郎兵衛は、領内の農民が困窮しているのは長期にわたり定免法を実施してきたことにあるとして徴租法の検見取への転換をはかるとともに、「領内耕地反別延び高つまり著しきにより今改めて新竿打直し不平なからしむるに於てハ新に二、三万石高を打出すに至る可し」（「酒井家世紀」巻之七）と、検地帳・水帳類の反別にくらべて実際の面積の広狭が著しくなっていることであり、再検地を実施すれば二、三万石の石高の打出《うちだ》し★が可能であるとし、検見取への転換と再検地の実施を建議したのであった。

▼打出し
検地による領地高よりの増分。

家老の水野内蔵助（重誠）は賛成であり、他の家老や郡代の一人鈴木筑太夫に諮ったところ、筑太夫は同役の服部外右衛門と連署して反対の意見書を提出した（同前）。

それは、農民が困窮していて彼らを救済するのを目的としているのであれば打出しを期待することは不可能であるし、農民の困窮は定免制などのために起こったのではなく、無理に年貢を引き受けさせ、未納の場合は代官が才覚金を貸し付けて貢納させるというやり方に基因するとして、反対したものであった（同前）。

役人たちの多くも反対だったようであり、久米五郎兵衛の建議は実現に至らなかった。

財政難を解決する方策もないままに、財政状態はますます悪化するのに、藩主忠寄の現状認識は不足であり、鶴ヶ岡・亀ヶ崎両城の修繕もままならないで、破損の個処も目立つのに、江戸邸での贅沢な暮らしが続いていたのであった（『鶴岡市史』上巻）。

そんな中で、藩は豪商として台頭してきた酒田・本間家との関係を次第に強めていく。

これも庄内

お国自慢
これぞ庄内の酒

庄内自慢の酒をちょっとだけ紹介

鳳凰　杉勇

（普通酒・720㎖）
㈲杉勇蕨岡酒造場
TEL0234-72-2234

羽前白梅　純米酒

（720㎖）
羽根田酒造㈱
TEL0235-33-2058

東北泉　純米酒

合資会社高橋酒造店
TEL0234-77-2005

麓井　純米吟醸

麓井酒造㈱
TEL0234-64-2002

上撰　本醸造　やまと桜

合名会社佐藤佐治右衛門
TEL0234-42-3013

本醸造　松嶺の富士

藤屋酒造本店
TEL0234-62-2003

本醸造　本辛　栄光冨士

冨士酒造㈱
TEL0235-33-3200

本醸造　初孫

東北銘醸㈱
TEL0234-31-1515

特別純米酒　ひやおろし

加藤嘉八郎酒造㈱
TEL0235-33-2008

くどき上手　純米吟醸

亀の井酒造㈱
TEL0235-62-2307

本醸造　出羽ノ雪

㈱渡會本店
TEL0235-33-3262

純米大吟醸　白露垂珠

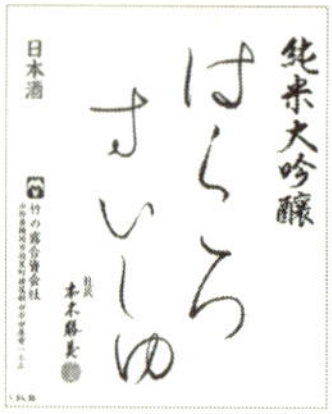

竹の露合資会社
TEL0235-62-2209

楯の川　吟醸造り純米酒
楯の川酒造㈱
TEL0234-52-2323

上喜元　生酛吟醸
酒田酒造㈱
TEL0234-22-1541

清泉川
㈱オードヴィ庄内
TEL0234-92-2046

栄冠　菊勇
菊勇㈱
TEL0234-92-2323

大吟醸KOIKAWA 亀の尾
鯉川酒造㈱
TEL0234-43-2005

奥羽自慢　京の華米仕込み
佐藤仁左衛門酒造場
TEL0235-57-2095

第四章 近世後期の飢饉と寛政の改革

旱魃・虫害などで飢饉がたびたび起こった。

①

農村の疲弊と藩財政

宝暦から明和にかけて、東日本各地は旱魃・冷害で大凶作だった。
庄内はウンカによる災害も加わる財政難、
藩主忠徳の初お国入りの費用もままならないほどであった。

宝五の飢饉

十八世紀後半には凶作がしばしばあったが、宝暦五年（一七五五）は旱魃・冷害・ウンカ虫など多くの災害が集中して大凶作となって多くの死者が出たし（『三川町史』上巻）、翌六年にかけて飢饉となった（宝五の飢饉）。しかも、大凶作にもかかわらず藩は破免《はめん》★の願いを許さず、定免どおりの年貢を課したことから、莫大な未納米が発生したが、その未納米に対し十四割の利子を課して翌秋取り立てることにしたので、当然納入することはできないまま、村々は多大な未納米を抱えることになった。それについてもまた毎年一分一厘の利米が付けられたので、平場の藤島村（鶴岡市）の場合、四十年近く過ぎた寛政五年（一七九三）頃に至るも、宝暦五年の未納米だけでも八四四七俵にのぼっていた。

この未納米の存在が農民にとって大きな負担になったのであり、右の藤島村で

▼破免
規定以上の凶作の場合に、定免法を一時中断し、検見を行い減免するもの。

は、寛政五年頃には村高二千百石余のうち、村上地《むらあげち》★となっている潰れ百姓高が千百石余に及んでいた(「種耕院上書」)。村上地高が村高の三〇パーセント程度をしめる村はかなり存在していたとみられ、十八世紀後半、農村疲弊が一般化していたといえる。

宝暦十三年に庄内は再び大凶作となったので、藩は幕府より一万両を借り入れたし、翌明和元年には囲い籾《かこもみ》★を払い下げて領民の夫食《ふじき》★に向けたが、夏になって農民たちは夫食米に窮したので、七月八日には荒瀬郷の農民が行動を起こし、夫食拝借願いのため五百余名が鶴ヶ岡城下に強訴するということがあった(『鶴岡市史』上巻)。

そんなことから、藩は五勺籾の制をもうけて、家中と農民の双方から高一石につき五勺の籾を提出させて凶作に備えることにしたが(同前)、急場に間にあう救済とはならなかった。明和二年(一七六五)や同四年もかなりの凶作であった。財政難の藩では手の打ちようがないといっても過言ではない状態であった。

しかも、五代藩主忠寄が老中の辞任から二年ほどした同三年三月に江戸で死去したので、次子忠温《ただあつ》が五月に六代藩主に就任したものの、病弱のため翌年四年一月に死去するといったように、藩の体制としても腰の据わらない状態であった。

明和四年二月に、忠温の嫡子忠徳《ただあり》が七代藩主に就任して、その忠徳のもとで抜本的な財政改革が取り組まれることになった。

▼村上地
潰れなどにより、所持者がいなく、村の管理となっている田地。

▼囲い籾
緊急時の備えとして貯えた備荒用の籾。

▼夫食
農民の食糧。

明和・安永年間の藩財政

新藩主となった忠徳《ただあり》はその時十三歳の少年であった。そこで藩では幕府に国目付の派遣を願って、ようやく許可された。国目付は明和七年（一七七〇）三月に来庄し、領内を検分したりして同六月まで滞在して江戸に戻った（「酒井家世紀」巻之九）。

忠徳の治世下でも種々な災害が発生して財政を圧迫した。

まず、明和四年、安永二年（一七七三）、同五年などと凶作があった。そればかりでなく、安永元年二月に江戸の大火で神田橋・下谷両藩邸が類焼したし、同年四月には酒田で再び大火があり二一八三軒が焼失した。いずれも多大な損害を蒙ったわけであり、再建にも大変な費用が必要とされた。

この年六月に忠徳は十八歳になり、初めて国入りをした。その時のこととして、財政難のために庄内までの旅費全額を江戸で調達できないので、残りを庄内より送ることにして江戸を出発したものの、福島に着いてもまだ庄内からの送金が届いておらず、そのことを知って忠徳は十四万石の大名の身でありながら百里の道中の旅費が工面できないことを大いに嘆いたと伝えられている。幸い、間もなく金子が届いたので一日も滞留することもなく済んだというが（同前）、この時のことで忠徳は財政改革に強い決意を抱くことになったという。

同年七月、藩は江戸藩邸の再建費として領内に二万九千両の金子を募ったが、同時に家臣たちに対し向こう五カ年の「御賄」を命じた（『鶴岡市史』上巻）。家臣たちの暮らしも引き続き厳しい状態に置かれていた。

安永三年三月に至り、家老水野《みずの》勘解由《かげゆ》が建白書を提出して、藩主忠徳の雑用金を七カ年半減することを上申したという（同前）。

その建白書によって、当時の庄内藩の財政状態を十カ年平均の概数で示せば、まず年貢米と小物成浮役米の合計が二三万七〇〇〇俵であるが、そのうち家臣たちに支給される物成米などが一七万二〇〇〇俵であり、差引き残米が六万五〇〇〇俵で、その代金は一万六〇〇〇両である。ほかに小物成浮役運上金八九〇〇両、家臣たちから納められる上米の代金が一万一〇〇〇両があって、三口合せて三万五九〇〇両が藩の一カ年の収入である。

それに対し、支出の合計が一カ年に四万八〇〇〇にのぼるので、歳入不足が一万二一〇〇両となる。しかも、当時累積の借入金が八、九万両あり、その利息が年に一万五〇〇〇両となるので、年々の不足金は二万七一〇〇両であるとする（中台元「荘内人物誌」巻一）。

そうすると、水野勘解由が言上したのは、単に藩主忠徳の生活費の半減の件だけではなく、藩の支出自体の半減であったと判断される。藩の支出を半減させれば、支払う利息の分を含めて、収支が大体均衡するということであろう。財政改革を決意していた忠徳のことであり、この建白を受け入れ、自身の倹約も心がけたはずである。

ところが、翌安永四年には幕府より日光勤番を命ぜられた。多大の支出は必須であった。そのため領内に御用金六五〇〇両を命じた。支出の半減も期待どおりにはいかなかったものであろう。

財政状態は改善するどころか、悪化するばかりで危機に瀕していたという（『鶴岡市史』上巻）。

② 本間光丘による財政改革

豪商本間光丘が登場、私財を提供しての財政改革が始まった。
本間家は酒田に居を構えた商人だったが、
貧農の田畑を買い集め、次第に大地主に成長したのだった。

本間光丘の登用

本間《ほんま》家の初代久四郎原光《もとみつ》は元禄二年（一六八九）に分家し酒田本町一丁目に家屋敷を構えた。屋号を新潟屋と称し古手（古着）、染物、金物などの関西の雑貨を仕入れて卸売りをしていた（佐藤三郎『酒田の本間家』）。

宝永四年（一七〇七）に長人《おとな》に選ばれ三十六人衆の仲間入りをした。すでにかなりの商人になっていたことが知られる。宝永七年に初めて御用金三百両を提供した。

元文元年（一七三六）に川南・西野村（庄内町）で初めて田地を買い入れた。巨大地主となる第一歩であった。

二代庄五郎光寿の代の寛延二年（一七四九）に米一二〇〇俵を献納し永代稟米七〇俵を与えられた。宝暦七年（一七五七）にも米穀を献納し十人扶持を与えら

本間家旧本邸薬医門につづく白壁

れた。同十年に三一四〇両、明和元年（一七六四）に一〇〇〇両を献納して三十人扶持となり手廻格小姓頭支配となったので、藩士の身分も得たことになる。

当時の家老水野内蔵助（重誠）と竹内八郎右衛門（茂昆）は財政の立直しに着手したが、自分達の方策があってのことではなく、領内第一の豪商に成長してきた本間光丘《みつおか》を登用し、その財力に頼るものであった。

明和四年光丘を家中に準ずる身分である小姓格に進めて、まず「御家中勝手《かって》向取計《むきとりはからい》」の役に任命して、光丘に四〇〇〇両の資金を提供してもらい、家中の家計整理にあたらせた。光丘は鶴岡・小姓町（若葉町）に貸金役所（通称本間役所）を設置して金融事務を開始した。本間家が直接藩政に関わった最初であった（『鶴岡市史』上巻）。家中の者が近江・大津の商人より高利で借りている「大津借」を肩代わりし、その分を年賦返済させるものであった。

光丘は翌明和五年に藩自体の「大津借」を整理した。

同年二月には八カ年計画で備荒籾二万俵を献ずることにした。その後安永五年（一七七六）にも四〇〇〇俵を追加して、領内八組に備えさせた。

幕府・巡見使や国目付の来庄に備えて、鶴ヶ岡・亀ヶ崎両城普請掛をはじめ巡見使旅館修繕御用掛や酒田・御米置場御普請惣御用掛を勤めたが、ほとんど私財を投じて完成したものとみられる。

安永年間に入り、江戸の両藩邸が類焼したり、酒田に大火が起こって甚大な被

本間光丘像（本間家旧本邸蔵）

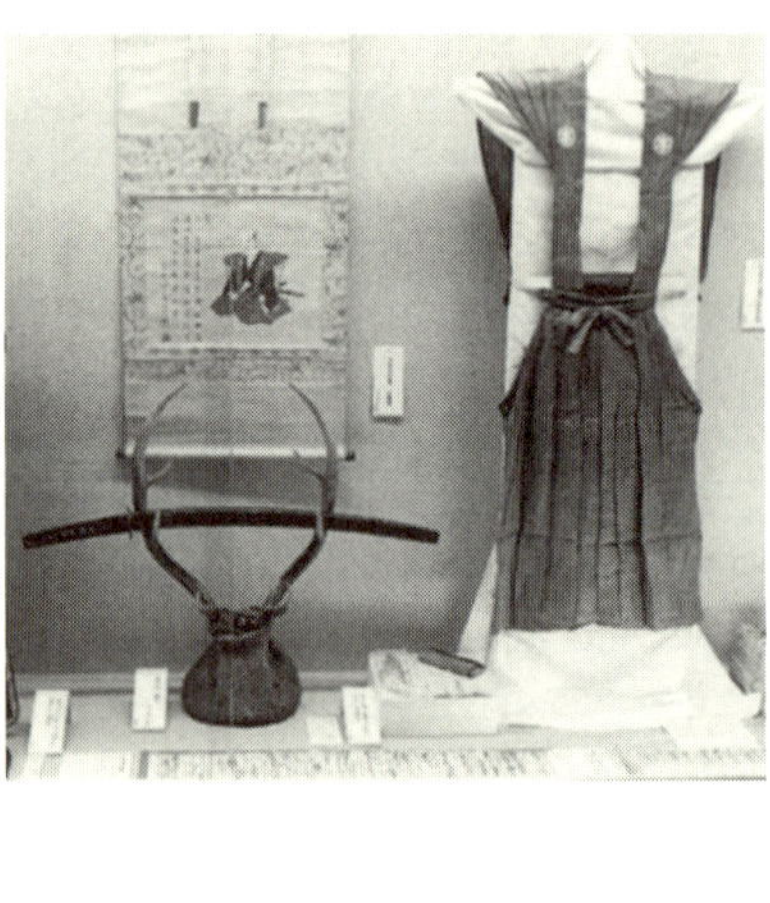

光丘登城のための装束、刀具（本間家旧本邸蔵）

害を出すなど、財政状態は年々悪化していった。

本間光丘の財政改革

この段階に至って抜本的な財政改革の必要があったが、藩政を担当する老臣たちには具体的な方策はなく、結局のところ本間光丘に頼むしかなかった。安永四年（一七七五）閏十二月、その依頼に際し、藩主忠徳《ただあり》自らが書状を与えたが、その趣旨は次のようであった。

藩財政が悪化する一方、思わざる出費が重なって、全く行き詰まり、当年はもちろん明年以降の見通しが全く立たないことを家老たちから聞いているが、自分達には解決すべき才覚もなく、日々心労がつのるばかりである。そこで、御苦労ではあるが、光丘に今後とも藩が維持できるように取り計らってもらうようにひ

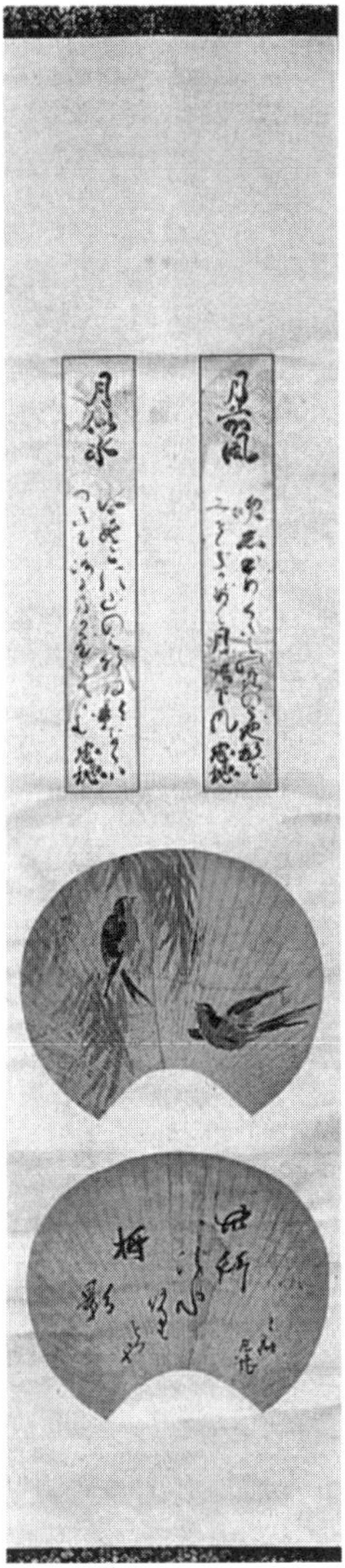

酒井忠徳筆・和歌短冊並扇面俳句画貼合（致道博物館蔵）

とえに頼みたい。そのためには、日々の暮らしが今以上に窮屈になっても藩の存続には代えられないことであり、何としても我慢するので、どうぞ財政改革に取り組んでもらいたいし、何か思いついたことがあったら何なりとも申し出てほしい。

藩主自らの右のような要請を結局断りきれずに光丘は財政改革を引き受けることになった。早速、光丘は翌五年に「安永御地盤組立」と称される予算案を作成して藩に提出した。「地盤立★」とは、村の立直しや家政改革などにも使用されるが、この場合は藩財政の立直しを意味する。

この予算案はそのとおりに実施すると、倹約に努め支出を抑えて三カ年で収支の均衡を得るというものであった。ただ、その頃には一〇万両にも及んでいたとみられる旧債の整理には及ばないものであった。おそらく藩主自身の率先垂範があって、収支を均衡させることはほぼ実現できたものとみられる。

そのうえで、光丘は安永六年に自ら大坂に出張して負債整理資金の調達に努めた結果、神戸の田中弥三郎より低利資本九〇〇〇両を借り入れ、とりあえず高利の「御暫借★」、「御買物★」などを整理したので、財政状態も小康を得て、藩は安永八年から藩士の「御賄」を廃して上米三〇俵の水準に改めたし、幕府から借用していた二万両も返済できた(『鶴岡市史』上巻)。

しかし、翌安永九年の大凶作で再び財政が窮迫し、藩士には百石につき五俵の

▼**地盤組立(地盤立)**
財政改革。

▼**御暫借**
一時的な名目での藩の借金。

▼**御買物**
藩や藩主の買物。

増上米を課さなければならなかった。そのため、光丘は責任をとって同年十二月に勝手向取計掛★の役を辞任した。しかし、光丘に代わるべき人材はいなかった。

藩は安永十年三月に三カ年にわたる大倹約令を発するとともに、同年五月に光丘を再び勝手向取計に任命して、光丘に郡代と同等の権限を与えて、新しい財政再建計画、いわゆる「天明御地盤立」を立案させた。

この計画では、領内の収穫を精査し、最近数年間の平均米価をもって藩の年収を確定する一方、一カ年の支出を定めたうえで、負債については年賦返還計画を立てるなど、厳格な緊縮均衡予算による財政改革であった。

家臣たちの救済のためには、元締役所より負債整理資金を融通し、高利の負債を整理させた。また農民救済のため懸《かか》り物《もの》の軽減をはかるとともにやはり低利資金を融通した。

藩主忠徳の節倹とも相俟って、藩財政はかなりの成績を収め、天明元年（一七八一）の暮れには一四八〇両余の余剰金を生み、別箱には一九〇〇両余の貯えが生じ、さらに翌二年五月には永久軍用金として一五〇〇両を封印し金庫に納めたし、同十月には大坂・大和屋に借用米一万俵の代金の返済ができたという（同前）。

藩財政の危機をようやく回避することができたのであり、この功により光丘は郡代次席に昇進した。

しかし、天明三年が大凶作のうえ、凶作が数年続いたし、天明八年に幕府より

本間家旧本邸「別館お店」

東海道の川普請を命ぜられて、二万数千両を支出した。郷村よりの献金五〇〇〇両と大坂・大和屋などからの借入金一万五千両で何とかまかなったものの、相次ぐ凶作による減収や手伝普請などの不時の支出で、光丘ら掛役人の努力にもかかわらず、財政改革は再び挫折したのであった。

なお、光丘は右のように財政改革に取り組む一方で、宝暦四年（一七五四）頃に小作米一八〇〇俵余の田地から、一代で同じく一万三九〇〇俵余の田地にまで増加させて、一躍数百町歩を所持する庄内きっての大地主に成りあがったのであり、財政改革に関わったことを家業の発展に結びつけたのであった。最近光丘を「公益経営者の祖」と評価する見解があるが（小松隆二『公益の種を蒔いた人びと』など）、天明などの飢饉の時に難渋している農民から多くの田地を取り入れたことをどのように評価できるのかを再検討する必要があろう。

本間光丘が行なった砂防のための植林が酒田市光ヶ丘の松林として残されている

3

寛政の改革と徳政

本間光丘の改革は自らの才覚金で高利から低利に借り換えさせ、藩と農民を救うというものだった。寛政の改革は本間家と一時手を切って実施された。

改革の始まり

安永・天明の「地盤立」に基づく緊縮財政にもかかわらず、寛政五年（一七九三）の時点での藩の借財は二〇万両にまで膨らんでいて（「酒井家世紀」巻之十）、藩財政はほとんど行き詰まっていた。

しかも藩財政の基盤である農村の疲弊が著しかった。借米・借金の形になっている未納米金が嵩むとともに、一方には本間家をはじめ豪農・豪商の土地取得が進行しつつ、対極には持ち主のいない村上地が多く存在して、その分にも年貢が課されるので、村請制のもとで農民の大きな負担となっていた。

寛政四年秋に帰国した藩主忠徳は、「郷村の疲弊を救うべき道あらば申し出よ」と銘じたところ、これに応じて翌五年一月に家中の士、白井矢太夫《しらいやだゆう》の上書、同三月には藤島村種耕院《しゅこういん》の住職祖山《そざん》の訴訟書、同七月には酒田・本間光丘の上書が提出された（『鶴岡市史』上巻）。種耕院の上書は厳罰覚悟で忠徳に直訴したものであり、藤島村を事例にして農村疲弊の深刻さを示しつつ、その原因を郷方役人の私曲《しきょく》★にあると告発したものであった。本間光丘の改革案は、自らが才覚金二万両を低利で融資することにより、高利で借りている分を低利に借り替えさせることで農村を復興しようとするものであり、安永・天明の「地盤立」の際に藩財政に実施した仕法を農村にも適用しようとしたものであった。

それに対し白井矢太夫の改革案は、厖大な未進米の累積などによる諸懸り物を大幅に軽減すべきであり、そのために抜本的な農政改革を必要とするというものであった。

改革案を検討した結果、忠徳は郡代となっていた白井矢太夫の改革案を採用し、農村の抜本的な立直しを中心とする寛政の改革を実施する決意をした。

忠徳は寛政七年四月に酒田・亀ヶ崎城代の竹内八郎右衛門を中老にして、家老酒井吉之丞・中老竹内八郎右衛門・郡代服部八兵衛・同白井矢太夫を改革御用掛に任命し、彼らのもとに寛政の改革が実施された。中心となったのは竹内・白井両人であった。

この時点で藩庫からの郷村への貸付米金は米八万三〇〇〇俵余・金一万三八〇〇両余であったし、代官役所分は

▼私曲　不正。

一、米三拾万八千七十九俵壱斗弐升三合九勺
　内五千四百七十七俵壱斗五升壱合六勺　脇貸之分
此利米壱万六百十五俵壱斗五升五合三勺
元済米弐千五百壱俵弐斗三升四合四勺
一、金七千四百三拾五両六拾六匁四分四厘
（寛政七年四月ヨリ「日記」、鶴岡市郷土資料館竹内家文書）

と、米が元利で三一万八六九四俵余、金が七四三五両余という厖大な数字であった。そのほかに大庄屋や肝煎が才覚した莫大な米金も存在していた。それらが農民の生活を圧迫していたのである。

寛政七年は凶作であった。九月二十九日の時点で不作で減免すべき対象である指上高は一〇万二八一七石余であり、当然多くの村で検見取となったが、結局三万九一五二石余が検見のうえ減免となった。平均の損毛率は三割八分七毛九払（糸）にあたった。

ただでさえ藩などからの多額の米金の元利返済が必要なのに、凶作も重なって、多数の農民は一層困難に陥った。山浜通の代官和田伴兵衛《わだばんべえ》は独断で農民の未納米・貸付米を切り捨てにしたが、その米高は三二七六俵にのぼった（『鶴岡市史』上巻）。そのため伴兵衛は代官を罷免されたが、農民たちは大いに感謝し、

生祠★として祭ったほどであった（『田川の歴史』）。

貸付米金の徳政

農村の立直しには、右のような厖大な未納・貸付米金の件を藩としても避けて通れない問題である。そのため、郡代白井矢太夫の改革案に基づき、農政改革が翌八年八月に実施に移された。その大綱は困窮農民救済策、農業振興策、郷村支配機構の整備、備荒貯蓄制度の充実の四つであった。その中心は当然ながら困窮農民の救済策であった。その内容は次の三点であった。

一、藩庫・諸役所の貸付米金の徳政★
二、郷普請をはじめ諸懸りの軽減
三、困窮与内米《よないまい》の制定と村上地の主付《ぬしつけ》

困窮農民救済の緊急措置として、八月一日に貯えられてきた「五勺籾」の籾一〇〇〇俵を各農家の出し方に応じて分配した。貸付米金の徳政については、八月十三日に藩庫よりの貸付米八万三三一一俵と貸付金一万三八九三両の切り捨てを断行したし、代官所の才覚分は郷方が立ち直るまで当分返済延べ置きとし、寺院・町人より才覚された分は、一割を藩で支払い、残りは延べ置きということになった。なお、代官所才覚分や大庄屋・肝煎の才覚分も結局切り捨てになったとみ

▼**生祠**
生きている人間を神格化し祀る。

▼**徳政**
貸借契約の破棄。

られる。

懸り物の軽減については、特に大きな負担になっていた郷普請に抜本的な改革を加えた。郷普請は享保十五年（一七三〇）以来、高百石に七俵の割合での郷普請米の取立てによって、郡奉行が定人足を雇って実施する建前であったが、当時は百石当たり一四俵にもふくれあがっていたのであり、そこで農民請負制に改め負担の軽減をはかった。そのほか組遣金《くみづかいきん》も大幅に削減された（『鶴岡市史』上巻）。

困窮与内米の賦課

農村の立直しには郷方に大量に存在した村上地《むらあげち》の解消が必要であった。それらの田地は実際の収穫量に比べ相対的に年貢が重かったので（高張田《たかはりだ》）、何らかの助成を講ずることなしには村上地を解消させることは不可能であった。

その助成策について白井矢太夫は寛政八年四月付の「郷方御趣法之儀ニ付存念書」（『山形県史・近世史料』２）の中で次のように述べていた。

村外の豪商や豪農の所持となっている、作徳米★が多いような有利な田地（高抜《たかぬき》田《だ》など）が夥しくあり、これを早急に村方に取り返すことは不可能である。そこでそれらの入作者の作徳米に対し一定の基準で困窮与内米《よないまい》★を賦課し、その与内米をもって高張田などを所持する困窮農民を救済し、結果として有利な田地を村方

▼作徳米
年貢を納めて余った米。

▼与内米
困窮者救済などを名目に、正規の年貢米のほかに取立てる米。

に取り戻すのと同じ効果をあげる。その際、入作者に年貢のほかに新たな困窮与内米を賦課することは、商人地主たちの抵抗が予想されるが、「高抜」での田地取得は本来違法であり、露顕すれば田地が取り上げられることになるので、多少迷惑と思っても了承せざるをえなくなるはずである。そして、取り立てた困窮与内米を「資金」にして村上地の解消など郷村が抱える問題を片付ける。大体このような考えであった。

代官所段階での承認のもとであろうが、以前にも村方が単独で村上地を解消するなどのために独自に与内米を課すことはあったが、今回は藩として全領的に一定の基準を定めて課すものであった。困窮与内米の賦課は作徳の一割とも一割三分ともいわれている（『鶴岡市史』上巻）。

当時の郷村の最大の懸案は、古村を中心に潰れ百姓が多く発生し、彼らによって放棄された田地を引き受ける者がおらず、やむをえず村上地となって村の管理のもとに置かれたが、村請制のもとではその分の年貢も村方で負担しなければならなかったことである。そのため村作といって年ごとに作人を見付けて耕作させることになるが、もともと収量の劣る田地であったうえ、作人も自分の所持地や小作地と異なるので精を入れて耕作しない傾向にあったことから、年貢の負担すらもできないような収穫しかあげられないことになった。その不足分を補填するために追加の与内米が課されることになり、それが農民にとっては重荷になって、新たな潰れ百姓が発生するといった悪循環になっていた。

村上地の主付

今回、藩により徴収された困窮与内米を「資金」として、村上地の解消をはかるために、主付《ぬしつけ》という施策が行われることになった。田地を所持しない水呑や名子、少ししか所持しない小高持百姓、また二、三男などに村上地の一部を配分して、長期的に責任を持ってその田地を耕作してもらうことにし、そのため困窮与内米から助成を行うものであった。

なお、年貢が相対的に軽い新田村には村上地がほとんどみられなかったので、主付も行われなかった。つまり主付は主として古村で実施された。

主付の実施は村が主体であったので、領内一斉に実施されたのではなく、村方の事情などにより、実施の年度にかなりの相違がみられた。

助成がなくては、年々多くの未納米が生ずることになる村上地を主付することは不可能であった。主付を希望する者もいるはずもなく、万一希望したとしても主付地を維持して安定した農業を行うことは到底できないことは自明のことであった。主付農民に対する何らかの助成のための手当米が必要だったわけである。

例えば青山村（三川町）では実は寛政八年（一七九六）頃から主付策を実施すべく調査などに着手していたが、多額の手当米が必要とされたことから、代官所のほうと折り合わず、主付の実施が延び延びとなっていたものであった。ようやく文化三年（一八〇六）十一月になって、永引米という形で二〇五俵の手当米が与えられることになった。なお、残る不足米の分はのちに代官所よりの拝借金により田畑を買い求め、その作徳米をあてることにするものであった（『三川町史』上巻）。

手当米の額などが決定し、青山村の主付事業はようやく本格的に取り組まれることになったが、なお五カ年ほどを要して文化八年に完了したのであった。

表6は横山組竹原田村（三川町）の主付の結果を示したものである。慶応三年（一八六七）の「同人為寄帳」より作成したものであり、後年の手直しが若干あった可能性もあろうが、基本的には実施したと推定される文化年間の状態がほぼ記載されているとみられる。一三戸程度の小村で一〇戸が主付農民であった。これによれば、主付策は手当米の支給等の助成によって一町歩から三町歩程度の中規模の農民を再創設することによって、小農民中心の安定した

表6　竹原田村の主付

名前	正所持分		主付分		計	
	反別	高	反別	高	反別	高
治右衛門	15反623	22石2064	5反628	8石5400	21反321	30石7464
忠右衛門	15反500	20石1441	5反422	8石1353	20反922	28石2794
久兵衛	12反028	15石5951	22反609	32石3383	34反707	47石9334
喜右衛門	0反105	0石1166	28反203	37石3550	28反308	37石4716
利右衛門	4反709	6石6126	6反926	9石0827	11反705	15石6953
源八	1反606	2石0793	22反826	30石8270	24反502	32石9063
伊之助	1反110	1石5176	23反817	31石6623	24反927	33石1799
権太郎	3反414	4石6367	6反819	9石4110	10反303	14石0477
金蔵	—	—	22反302	32石0080	22反302	32石0080
久四郎	—	—	14反700	21石6200	14反700	21石6200

（注）「竹原田村反別持主同人為寄帳」（三川町竹原田地区文書）

農村を再建しようとしたものであったと考えられる。

主付農民に与えられる手当米は永続的ではなく、主付実施から十カ年程度という期限付きであり、かつ次第に減額されることになっていたので、それでは主付地の十分な復興は困難であることから、他にも助成を講ずる必要があった。

文政二年(一八一九)に至って、藩では困窮与内米が賦課されている入作者に対し、金一〇両につき二俵半の割合で金子を提供した者には困窮与内米の賦課を免除する制度を始めて、集まった金子を代官所ごとに資金として村々に融通して、村ごとに有利な田地を取り入れさせて、その田地を主付農民に耕作させ、作徳米の一部を助成米とする「主付添田地」仕法が実施された(『庄内藩農政史料』上巻)。代官所の関与があるとはいえ、主付農民に対する助成は藩の責任から次第に村の責任に移されたことになる。

④ 藩校致道館

藩財政の困窮により、藩士たちの風紀が乱れだした。太平の世に武士の羞恥心も失われ、精神的基盤の涵養のためにもと、徂徠学を根本とした藩校致道館が創設され、釈典が挙行された。

目立ち始めた風紀の紊乱

藩財政が危機的状態にあって藩士の家計不如意の状況が著しかったわけであるが、一方藩士の士風の低下も顕著なものであった。衣類など身の回りを飾るばかりでなく、茶屋や遊廓に遊び、芝居を好んだうえ、中には博奕をする者さえいたように、浮華軽佻の風が広がっていた（『鶴岡市史』上巻）。このような贅沢や遊興は当然、借金などによるものであり、そのため一層窮乏することになった。

それを憂えた藩主忠徳は徂徠学の学者でもある郡代白井矢太夫に対し次のような諮問をした（白井固「野中の清水」）。

藩士の風俗は乱れているし、役人もややもすれば自分の利益をはかっている。中には博奕をしたり、若い者は遊所に行ったりとみだりなる振舞いがみられる。また町人風情の者と喧嘩したり、大勢徒党を組んで天狗風などと唱えて他人の門塀を打ち壊す者もある。これらのことを数年思い悩んできたのであり、注意したりすればその時は控えるものの、いつの間にかまた元に戻ってしまう。厳しく処罰することも考えられるが、若者の一時の心得違いによるものであるし、しかもそれぞれ先祖よりの数代の奉公のことを考慮すれば、厳罰に処することも忍びない。どうすればよいであろうか。

それに対して白井矢太夫は、平和な時代が長く続いたので、武士の気持ちも柔弱になって、羞恥心がなくなったためであり、すぐには改めがたいことであり、たとえ厳罰をもってしても、悪い者はいなくならないので罪人が多くなるだけのことであるし、迂遠なようであるが、学校の教育以外にないし、役人の多くも学校に学んだ者から選ぶようにすれば、自然に風俗も改まるようになる、と答えた。

そこで学校を創設して藩士を教育し、役人の養成に努めることが改革の重要課題となった。

改革が始まって、五カ年ほど過ぎた寛政十二年（一八〇〇）八月に鶴岡・荒町に隣接する大宝寺村に敷地を選定し、学校を創設することになった。以下、『鶴岡市史』（上巻）を参考に記述する。

藩校の創設

中老服部円蔵・組頭松平武右衛門を普請掛に、郡代白井矢太夫を普請奉行に任じ、岡山藩の郷学《ごうがく》★閑谷《しずたに》学校などを参考にして享和三年（一八〇三）一月に建設に着手し、二年後の文化二年（一八〇五）二月に完成した。藩校致道館《ちどうかん》の誕生である。聖廟《せいびょう》★・神庫《ほくら》★・書庫・御入ノ間★・講堂・会業ノ間★・典学句読師★詰所・武術場等から成っていた。

二月八日に祭酒白井矢太夫は聖廟において釈典★を挙行し、藩主忠徳も臨校拝礼★した。この式は毎年二月と八月の二回行われるものであった。

庄内藩酒井家は譜代であったが、致道館の教育は朱子学ではなく、徂徠学をもって根本とした。

致道館の組織は職名に至るまで幕府の聖堂にならったもので中国式であった。

致道館は藩士の子弟の教育を目的とするものであり、今の小学校にあたる句読所から始まり、終日詰（今の中学課程）、外舎（今の高校課程）、試舎生（今の大学教養課程）、舎生（今の大学の学部）の五段階に分かれており、厳しい試験を行って能力のある者を進学させた。卒業した者は能力に応じて役人に登用されることになった。

▼郷学
藩士や庶民の子弟向けの村里の学校。

▼聖廟
孔子をまつった廟。

▼神庫
神社。

▼御入ノ間
藩主の部屋。

▼会業ノ間
詰めこみ主義になりやすい講義を排するために、教師の指導のもとに数人の生徒が同じ書物を読みあった後、討論を行って学問を深めることを会業といい、そのための部屋のこと。

▼釈典
孔子を祀る典礼。

▼臨校拝礼
学校に来ておがむ。

致道館の職員は次のようであり、人数は五〇名に及んだ。

(一)学校総奉行　　家老または中老があたり最高の監督者
　同副奉行
(二)祭酒　一名　小姓頭以上　釈典を司る
(三)司業　二、三名　三百石以上、今の校長にあたり子弟教育の責任者
(四)学監　二、三名　三百石以上、今の教頭にあたり学校の取締りにあたる
(五)助教　一四、五名　士分以上、学業の教授にあたる
(六)典学　五名　士分以上、書記として事務にあたるとともに子弟の監督にあたる
(七)句読師　九名　士分以上、小学校教師にあたり幼少年に句読を授けた
(八)司書　二名　士分以上、図書係
(九)舎長・外舎長　各々二名　助教、句読師、舎生の中から兼ねる　舎生と寝食を共にし、舎内外の取締りをする

開校当時は白井矢太夫が祭酒兼司業であったし、弟の白井惣六は学監兼司業で

致道館講堂入口

あった。後年白井矢太夫の失脚後に司業を勤める犬塚男内《いぬづかだんない》も開校時は典学兼助教であった（『新編庄内人名辞典』）。

致道館は徂徠学を根本にしていたが、庄内藩に徂徠学を取り入れたのは家老などを歴任した水野元朗《みずのげんろう》（一六九二〜一七四八）や疋田進修《ひきだしんしゅう》（一七〇〇〜一七三七）であった。水野元朗は初め朱子学を修めたが、のちに徂徠学を学んで傾倒したのであり、その後太宰春台《だざいしゅんだい》に兄事した（同前）。元朗が徂徠学に接してまだ年数の浅い時期に徂徠に手紙で質疑し、それに徂徠が応答した際の文章を編んだ書簡集（「徂徠先生答問書」、『荻生徂徠全集』第六巻）は、徂徠学の何たるかを理解するうえでも重要な文献である。なお、疋田進修も徂徠のもとで研鑽したが、学業半ばで元文二年（一七三七）に三十八歳で死去した。

水野元朗、疋田進修を中心に基礎がきずかれた徂徠学は次第に家臣たちに広まっていった。両人の後を加賀山寛猛《かがやまかんもう》が受けつぎ、その門下に白井矢太夫、白井惣六、犬塚男内、白井弥平、菅伊織らが輩出し、多くが設立当初の致道館の職員となった。中でも白井矢太夫が群を抜いていた。

致道館では徂徠学を根本にしたので、徂徠の主張するように朱子学を排斥し、古典に直接学ぶことによって孔子・孟子の真意を求めるとする古学派の立場を堅持した。幕府は寛政の改革の一環として朱子学を正学として昌平坂学問所でその他の異学を講ずることを禁じていたにもかかわらず、庄内藩では徂徠学を藩学と

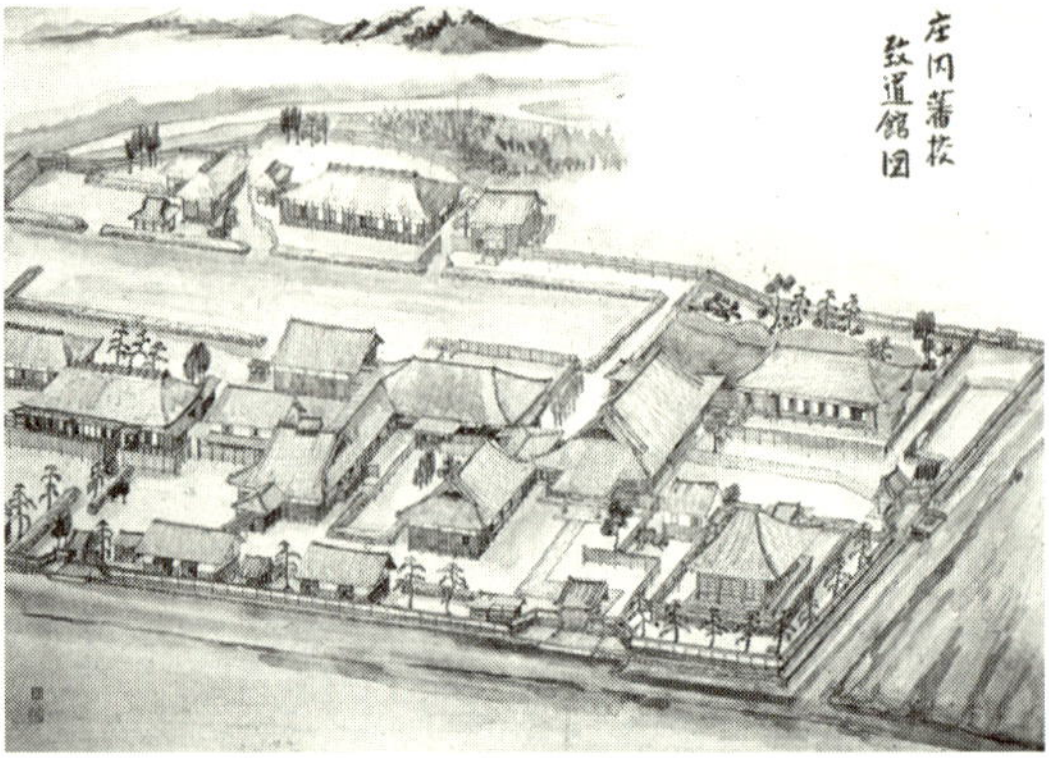

「庄内藩校致道館図」（鶴岡市教育委員会蔵）

したことは注目される。

徂徠の方針を受けつぎ、当初の致道館の教育法は形式的な詰め込み主義ではなく、基本的に個人の才能を育成する立場をとって、個性と自主性を重んずるものであった。白井矢太夫の信念が強く反映されていた。

政変と「新政」

竹内八郎右衛門・白井矢太夫の一門・与党は藩の要職を独占していた。そして竹内は文化二年（一八〇五）四月に家老に、白井は同五年一月に中老に進んでいた。竹内の隆盛は当時平清盛の盛時にたとえられたといわれる。

ところが、思わざる事件が起こり竹内派は失脚することになった。

庄内藩元締役の坂尾儀太夫という家中が江戸より国元に下る途中、仙台藩領関駅（宮城県七ヵ宿町）で宿屋の主人を無礼打ちするという事件が起こった。庄内藩側の応対の不十分さもあって一時仙台藩との間に波風が立つことになったが、坂尾を処分したことで、ようやく決着することができた。

しかし、藩主忠器《ただかた》が文化七年九月参勤交代で庄内に帰る途中、関駅で何か不快なことがあったようで、翌八年正月の参勤の際に参勤路の一部を幕府の許可を得ずに変更したことから幕府の譴責などがあったものか、藩主忠器は直ちに竹内・

藩校致道館講堂

白井両人に対し御役御免のうえ隠居を命じた。両人ばかりでなく御役御免になったのは数十人に及んだ。

処分の理由は明らかにされなかったものか、白井矢太夫は罷免の理由を生前知ることができなかったようである（「野中の清水」）。

代わって亀ヶ崎城定在番であった水野東十郎が中老に就任して藩政の中心に据わった。竹内派が失脚し、藩政の要職から遠ざけられ、政権は水野派に移った。一時白井矢太夫により藩政から遠ざけられていた酒田・本間家との関係も復活した。

このような政権の交代を実現したうえで、藩主忠器の「新政」が実施されることになった。

政教一致のための致道館移転

寛政の改革により一時好転していた財政状態も蝦夷地警備のための派兵などにより再び悪化していたので、厳重な倹約令を発して、農民の奢侈を禁じ農業に精励することを命じたし、文政元年（一八一八）には郷方・町方の仕法替えを命じて、その際五人組を再組織化し人口の流動に規制を加えた。

中でも「新政」の中心となったのは、完成して十年ほどしか経っていない藩校致道館を、政教一致の方針から郭内三の丸のうち十日町口に、会所と重臣石原平右衛門の邸宅を撤去して移転し施設を拡充したことである。移転費用は本間家が提供した。会所は新たに建築せず、政務の打合せ等は家老らが藩校に会合して行った。郡代役所も学校の東隣に設置された。藩校致道館とその周辺が藩政の中心地になったことになる。

党派の対立・抗争

今回の政権交代を契機に家臣間の党派の対立が激しくなった。中でも致道館の職員の間の党争が甚しかった。

当時致道館の教師として白井惣六（固）と犬塚男内の二人が傑出していたが、白井惣六は白井矢太夫の弟で、兄の学問の正統を伝えたのに対し、犬塚男内は異説を唱えたことから、学校内は二つの学派に分かれた。白井派を放逸派、犬塚派を恭敬派と称し対立することになった。

放逸派は、包容力のあった荻生徂徠の学風や言行を信奉し、学問でも教育でも自主的な姿勢を尊重し、日常でも自由な生活を好んだことによる。白井矢太夫も自主性を強く支持していた。恭敬派は、徂徠の高弟である太宰春台の謹厳な学風と性格を受け継ぎ謹直な生活を重んじたことによる。

放逸派の白井矢太夫失脚後、致道館の典学兼助教であり、荻野流の砲術指南としても多くの門弟を育てて名声があがった恭敬派の犬塚男内が水野東十郎と結んで権勢を得て致道館の司業となって館務を指導した(『新編庄内人名辞典』)。致道館移転は犬塚の建言によるといわれる(『鶴岡市史』上巻)。

そのため放逸派の教師たちは辞任したり、あるいは左遷させられたりした。白井惣六、白井弥平、菅伊織などである。

少し後になるが、坂尾清風(六郎)は白井弥平の門人であり、天保二年(一八三一)に致道館助教、同十一年に舎長・諸公子の侍講を勤めたが、常に放逸派、恭敬派の軋轢をなげいていたという(同前)。

しかし、両派の対立・抗争は幕末まで続いた。忠器の代には恭敬派が主流を占めたが、次の忠発の代には恭敬派の者が退けられ、再び放逸派が主流となっていった。

致道館廟門

第五章　天保期の庄内藩

三方領知替も農民の力で跳ね返す。

1

天保の飢饉と改革

十九世紀前半は稲作も比較的安定していたが、中葉はまたまた洪水と虫害による大飢饉（天保の飢饉）。ここに天保の改革が始まった。

飢饉

「新政」が行われた十九世紀前半の文化文政期は、庄内では稲作が比較的安定していた時期であったものの、米価が低落し、藩や家臣はもちろん、農民にとっても必ずしも好ましいことばかりではなかった。

ところが、文政十年代以降は年々のように凶作が続くことになる。特に天保年間（一八三〇〜四四）は〝天保飢饉〟と呼ばれるような大凶作が何カ年も起こった時期である。

赤川に面する押切新田村（三川町）加藤家の「天保四年巳年飢饉扣」では、文政十一年（一八二八）は蝗《いなご》と洪水の被害で稲と大麦が壊滅状態であったにもかかわらず年貢が課されたものの、納入すべき米がないためであろうが、すべて米札（米券）での札納となったのであったが、米札の手持ちがないので、その米札を購入するための藩よりの拝借金は年五分利で十カ年賦となった。文政十三年（一八三〇）には五月に洪水があったうえ虫害もあって大凶作となった。大麦も同様であったし、他の畑物も出来が悪かった。

天保四年（一八三三）は、まず大麦は上々作であったのに小麦は大不作であった。雪が消える頃に鼠が大発生し、青麦・菜種が大きな被害を受けた。また天虫という虫が発生し、庄内中で青葉が食い尽くされるほどであった。四月二十日頃から日照りとなって五月十日までには大旱魃となったので、所々で雨乞いの儀式も執り行われた。ところが同月二十七日頃から雨ばかりになり、六月十八日に大水になったが、あまり被害は出なかった。しかし、同月二十六日夕方に再び大雨となり、暮れ六ツ時頃より一段と増水し、諸道具・衣類・味噌などが流失したし、米などの穀類は水底に沈んだ。牛馬等の救助にも取り掛かったが、危険のため諦めたという。数百年も聞いたことがないような大洪水で、庄内全体が大海のようであった。最上川・赤川には数知れないほどの死人や家・小屋などが流れ出たのであり、酒田にある藩の米蔵である新井田蔵でも濡れ米三万俵ほどが発生して、領内に払い下げられた。

大洪水の被害を受けた人々のうち極窮の者には「御救い」の米金が支給された。

洪水ばかりでなく、十月二十六日に大地震があった。藩より幕府への届書では、潰れ家が町家・農家ともで一八五一軒、痛み屋が九〇六軒、津波による流失

天保四年六月二十七日の大洪水
鶴岡五日町の図
（『慈悲心鳥』鶴岡市郷土資料館蔵）

家屋が一八軒、その他にも甚大な被害があった。

食料に困った者が米金を借りようとしてもできず、田畑を質などに取る人もなく、穀物は日々高値になった。村々では穀止《こくど》め★を厳重に命じられているので、たとえ金子を持っていても購入できず、やむをえず大勢が毎日のように野山に行って木の実・木の皮・草の根を採り、それらに小糠と米も少し入れ、餅にしたり練りにして食べているので、殊に小児や年寄りはかわいそうであったという。飯料が不足するので家臣や領民は合積《ごうづもり》を命じられた（同前）。配給のことである。

餓死者は出なかったとされるが、大凶作のため、天保四年暮れより同六年七月まで傷寒病という疫病が流行し多くの死者が出た。非常にうつりやすく家内中が病死することもみられた（同前）。

天保五年は天候が順調で上作であった。同六年はまた天候不順で稲の生育が悪く大凶作となった。九月十八日と同二十八日に大あられが降って二十七日より大検見を実施したものの、村々の年貢未進は莫大になったので、未納分の三分の一は翌七年三月まで、残り三分の二は同年暮れまでに納入することを命じた。

天保七年も夏の低温などにより凶作となった。この年もかなりの凶作なので村々は大検見を歎願したが、代官の検分だけが行われて、二割八分程度の減免となった。連年のように続く凶作の中で、この程度の減免では農民にとって本当の御救いにはならなかった。しかし、年貢の取立ては厳しく行われ、例えば藤島組

▼穀止め
穀物の他村への移動の禁止。

五日町儀右エ門宅での炊出しをするの図
（『慈悲心鳥』鶴岡市郷土資料館蔵）

では百八十余人が縄手錠にされた。
このような凶作はなお数年続いた。

天保の改革

文政末年（一八三〇）から十年以上に及んだ天保の飢饉による農民の疲弊は深刻なものとなっていた。寛政の改革によって一度は切り捨てとなった年貢未納米や諸拝借米も再び嵩んで莫大な高になっていて、農民の生活を圧迫した。

そこで、庄内藩では農民の生活や農業を立て直すために、天保七年（一八三六）から翌八年にかけて備荒用の御備籾の再整備に取り組んだのをはじめ、飢饉の最中から諸施策を実施したが、本格的な農民救済は同九年から実施された。第一に「郷方諸貸借」の調査が行われた。藩庁はもとより、各役所や大庄屋・肝煎に至るまでの郷方に貸し付けた米金などを、利息の有無を含めてすべて書き出させた（『鶴岡市史』上巻）。

その調査に基づき、翌年にかけて藩庁や諸役所よりの旧借分の米金が切り捨てられた。中川通押切組（三川町）は高三千石余の組合村であるが、そこで切り捨てられた米金は次のようであった。

萱場の地蔵前での亡霊供養の図
（『慈悲心鳥』鶴岡市郷土資料館蔵）

一、米百五拾弐表《俵》　巳《天保四》凶作御貸米
一、同拾弐表　福岡村・大渕《村》同断
一、弐斗　寅《文政十三》凶作役所田地小作貸米
一、金拾五両　大渕村子凶作貸金
一、同百五拾両　申《天保七》凶作貸金組中
一、同百五拾九両　巳凶作貸金同断
〆米百六拾五表《ママ》弐斗
　金三百弐拾四両

（『三川町史』上巻）

文政十一年（一八二八）から天保七年に藩庁や諸役所より拝借した米金だけを切り捨てたものであるが、合わせて米一六五俵二斗と金三二四両であった。それほど大きな米金とはいえない。押切組の場合、押切新田村には加藤・阿部・菅原などの豪農がいたので、その融通などが多く、藩や諸役所の分は比較的少なかったとみられる。

なお、肝煎など村役人が内才覚して村民に貸し付けた米金の整理は天保九、十両年の凶作に阻まれて遅延したのであり、同十一年までに実施されたのは川北・遊佐郷のみであった（『鶴岡市史』上巻）。しかも、後述の三方領知替による庄内藩酒井家の越後・長岡転封一件で、村役人の内才覚分の整理は中止となったので

あり、多くの農民や郷村はなお多額の借財を抱えたままであった。

藩は旧借分の切り捨て後、農民ができるだけ借金をすることなしに暮らせるようにということで、「与内米」制度の再整備を行った。これは、寛政の改革の困窮与内米の場合と同様で、入作者の作徳米に一定の割合で与内米を賦課するのであり、徴収された与内米は、半分が弱者や極窮者の救済に向けられるし、残り半分は備荒籾に向けられるものであった。そのため、与内米賦課の基礎となる田地の刈元調査も実施された。

与内米ということでは、天保九年一カ年だけということで高二十石につき米一俵の割合で御救与内米が取り立てられたが、少なくとも同十一年まで取り立てが続いた。

改革の一つとして「正米皆済」という方針も出された。帳簿上は年貢が皆済されたという形をとりながら、実際には借用米の名目にして未納米が残ったりしたのでは、結局村方に借米が残ることになる。そのような形式的ではなく、真の意味での皆済をするのが「正米皆済」であったとみられる。

また旧借分の切捨てを理由に、村入用米も天保十年より定額取り立てとなり、それ以上の増米を取ることが禁じられた。それに伴い肝煎などの村役人の勤め方については質素・倹約、そして伝馬制の取扱いの厳密化も命じられた。

また一組から三人ずつというように農業目付の役が任命されて、農業に出精させるために、怠けている者や村方で不正を行っている者などを見聞した時には代官所に知らせるなど、村々の監視役ということで置かれた。

天保十一年八月には、田の神祝儀・伊勢講・縄策饗・桶洗等での寄り集まりの五カ年差止めなど年中行事の規制も行われた（『三川町史』上巻）

特に目新しいものとはいえず、旧借米金の切捨ての件を除けば、それほど農民の生活や農村に大きな影響を与えるものではなかった。

長岡転封のこともあり、庄内藩の天保の改革は自然に中止となった。

②

長岡転封一件

庄内・長岡・川越の藩主三家を同時に移封させる三方領知替が発令。領民は猛反発、江戸まで出掛けての駕籠訴や大集会などで、転封は中止になった。酒井家が領民に支持されたのか。

三方領知替の発令

天保飢饉がようやく終息したとみられる天保十一年（一八四〇）十一月一日、突如幕府は庄内藩主酒井忠器《ただかた》を越後・長岡へ、長岡藩主牧野忠雅を武蔵・川越へ、川越藩主松平斉典を庄内へ移封させることを申し渡した。いわゆる三方領知替である。藩主忠器は在国中だったので、その知らせは同七日夕に届いた。

転封の理由は不明であるし、加増のことも不明のまま長岡（七万石）へ転封となることに対し、すぐに藩士たちの間に不満や動揺が起こった。

そこで同九日には藩主忠器の名前で家臣たちの自重を求める御達しが出された。それに先立ち、七日中に各支配代官より廻状が出されて、村々にもその件が通知された。数日後には改めて代官名で村々に布達されたが、すでに江戸越訴《おっそ》★に出向いた者もいるやの風聞もあるとして、幕府の不興を招くような行為のないよう

▼越訴
正規の順序を踏まない違法の訴訟。

にと領民たちの自重を求めたのであった。

藩としてはこの段階で長岡移転はやむをえないという立場であった。

村々に転封の件が伝えられると間もなく、農民の間に長岡転封を阻止しようとする動きが出てきた。

農民たちが転封に反対した理由は、新領主となるはずの川越藩松平家は大変な貧乏大名であったことから、庄内入部後に厳しい収奪の恐れがあったこと、また長岡へ去ることになる酒井家が天保十一年分の年貢の取立てを例年にない厳しさで行ったことで農民の生活が行き詰まったので、何とか引き止めて、これまでの生活を維持したいと思ったことなどである。さらに、酒田・本間家をはじめとする領内の豪商・豪農たちが、庄内藩への貸金などの保全を願い、そのため転封阻止の運動に資金を提供したこともあった（『鶴岡市史』上巻）。

残されている史料からみると、天保飢饉の最中に行われた庄内藩の「救済」に対し、農民たちは一応肯定的に受けとめていたし、天保九年に藩庁や諸役所からの旧借分が切り捨てられたことに対しても、甚だ部分的なものであったものの、一応の評価をしていたことから、評判の良くない松平家よりは酒井家を選ぼうとしたものといえる。それにしても、領民たちが松平家のことに前々から知識を持っていたはずもなく、それだけに庄内藩関係者による「情報」の提供が素早く行われたことが考えられる。

領民の反発

転封阻止の運動の先鞭は、川南・京田通西郷組の書役で馬町村（鶴岡市）在住の本間辰之助によってつけられた。同村肝煎らと密議し、幕閣の要人に転封中止の件を訴えるために西郷組の百姓一一名を選び、十一月二十三日に江戸に登らせた。しかし、江戸馬喰町の定宿大松家に宿泊し、直訴の機会をうかがっている間に、庄内藩江戸藩邸の探知するところとなって、庄内に送り戻されたのであり、目的を達することができなかった。

提出されなかったがその時彼らが携行した歎願書は、次のような内容になっていた。

天保四年（一八三三）などの大凶作で藩から多額の米金の御救いがあり、一人も乞食などは出なかったが、そのため藩庫に金子が尽きたので、そこで他国より多額の借金をせざるをえなかった。また、旧借分の

「玉龍寺文隣や平田郷百姓、上野寛永寺坂執行龍王院に駕籠訴の図」
（致道博物館蔵『夢の浮橋』より）

切捨てもしてもらい、これ以上もない殿様であると有難く思っている。酒井家が長岡に移り、豪農・豪商たちも同地へお供して行けば、たとえ後に入る松平家でいろいろ手当を与えてくれたとしても、農民たちは相続していけないことから、何とか酒井家が永住することを願うというものであった。

川南の農民たちの動きに刺激された川北三郷では、江地村（遊佐町）玉竜寺住職文隣らの計画のもとに、苦労して出府し、老中など幕府の要人等に駕籠訴《かごそ》★することができた。農民たちは庄内藩側に引き渡されたものの、寛大に取り扱われた（『鶴岡市史』上巻）。

国元庄内では、農民たちの歎願運動の成功を祈願するため、十一月下旬頃に鳥海山など領内の神社仏閣で武運長久の祈禱が行われた。

年を越えて天保十二年に入ると転封反対の運動は一層活発となり、かつ大規模化した。正月中から鶴岡七日町の加茂屋文二やその兄玉竜寺文隣を中心として二、三〇〇人の規模での江戸訴願を計画する動きがみられたし、閏正月二十日には川北二番登り一六名が越後路より江戸に向かった。

二月には領内で相次いで大集会が催された。例えば、上旬には数度に及び酒田大浜で農民の大集会が開催されたし、それに負けじと、同十五・十六日には川南の農民五万人余が上藤島村（鶴岡市）の六所神社周辺に集会して一大示威行動を展開して転封阻止の決意を表明したし、十九日には多数の農民が再び六所神社に

▼**駕籠訴**
越訴の一形態で、駕籠で通過する幕府の上級者や大名に訴状をささげ訴える。

集合して、藩主忠器が参勤のため出府するのを止めようとしたのであり、そのため出発を一時延期しなければならなかった。

二月におけるたびたびの農民の集会をうけて、三月には再び江戸などで直訴運動が展開された。三月三日には川南・川北の農民・寺院惣代三九名が江戸に登ったし、九日には川北農民の水戸・江戸登りがあった。幕閣だけでなく御三家の一つ水戸藩主徳川斉昭への直訴であった。しかし、それらの訴願の成果はなかなか現れてこなかった。

反対運動の進展

四月に入って再び庄内で大集会がもたれた。特に、四月十五日に川越・松平家から下調査のため家臣が来庄したことが危機感を強くさせることになった。

四月二十五日夕刻からの川南の集会は、横山組・押切組は中川谷地（鶴岡）で、京田組は近くの新屋敷谷地（同上）で開かれた。この時、村々は個性のある旗印を持参した。例えば、横山村（三川町）では「栄エ再門庄住民厚恩同志」の旗であった。酒井左衛門尉に〝栄エ再門庄〞の字を当てて、酒井家在城のもとで安定した暮らしをしたいという意志を表明したものと思われる。

多くの百姓一揆の場合のように、それらの集会に参加する者の規律として次のような掟を定めていた。

一、作もの踏散らし申すまじき事
一、御役人中に対し雑言等申すまじき事
一、何事によらず一分之所存相立て申さず、心付之儀は大旗之所穏便に沙汰致すべき事
一、酒は一切無用たるべき事
一、往帰之節、親類縁者たりとも立寄り申すまじく、もっとも酒飯等は申すまじき事
一、喧嘩口論は勿論、火之用心厳重致すべき事
一、紛らしき者入込候はば、早速取りしめ、大旗之所へ指出し候事
右之条々堅く相守り申すべし、もし相背き候者これ有り候はば、遠慮なく取りしめ、大旗之所へ指出すべきもの也

（『三川町史資料集』第十集）

一、田畑の作物を踏み荒らしたりしないこと。
一、藩の役人たちに悪口などを言わないこと。
一、どんなことでも我意を申立てないこと。何か気付いたことがあれば、大旗の立つ組の本部のところで、穏やかに指示したりすること。
一、酒はいっさい呑まないこと。
一、大山村までの往き帰りの際に、たとえ親類の家であっても立寄ったりしないこと。当然途中で酒飯などを摂ったりしないこと。
一、喧嘩口論は禁止であるうえ、火の用心も厳重に行うこと。
一、怪しい者が入込んだ場合は、早速捕まえて組の本部へ連れていくこと。
以上のことは堅く守るべきこと。もし違反者がいれば、遠慮なく捕えて、組本部へ連れていくこと。

自分たちの行動の正当性を否定するような、逸脱した行為を許さないという決意の表明である。

水戸藩ばかりでなく、会津・仙台・米沢・秋田等の近隣雄藩に

対しても愁訴を実施し、各藩の大いなる同情を得ることができた。仙台藩主伊達陸奥守は六月十七日に幕府に伺い書を提出し、その処置を如何にすべきかの指示を仰いだが、そこには幕政への批判と庄内農民への同情がうかがえる（『鶴岡市史』上巻）。幕府要人の中にも老中水野忠邦の強引さに対する反発とともに、庄内藩への同情も生じつつあった。

転封中止

それ以前に、水野忠邦を除き、幕府の中でもすでに五月初めには転封中止のことがほぼ内定しつつあったようである。

というのは、江戸城内で大目付土屋紀伊守より支藩松山藩主酒井忠方《ただみち》が、幕府では転封中止を前提に検討中であり、安心させたいので内々で知らせると耳打ちされたので、退出後に忠方は庄内藩上屋敷に立ち寄って、忠器にその旨を伝えたものであり、そのような話が国元庄内にも達せられ、少なくとも藩より大庄屋たちまでは伝えられていたのであった（『三川町史資料集』第二十集）。

殿様御永城の報に祝杯をあげる城下の人々
（致道博物館蔵『夢の浮橋』より）

しかし正式に確定していない段階で農民たちに発表することもできず、その情報を知らされていない農民たちはますます阻止の運動を強めていくことに藩では不安を感じて抑えようとしたが、農民たちは容易に納得せず、一層訴願運動に邁進することになった。しかも、六月に入って、水野忠邦の指示によろうが、一方では城引渡しの日限を取り決めることを求める幕府の通知があったことも農民たちを刺激した。三本木村（三川町）肝煎文七らによる二度にわたる会津藩への訴願も六月・七月に行われた（『三川町史』上巻）。

それでも、ついに天保十二年（一八四一）七月十二日に幕府は三方領知替の中止を決定した。早追★により同十六日夜に庄内にもその報が届いた。村々には翌十七日に大庄屋より布達されたようである。その際の注意では、領民一同が喜ぶのはよいが、嬉しさに任せて騒ぐことのないようにとしていた。あまり目立った祝い方は幕府の手前慎むようにというのが藩の考えであった。

領内での祝いは何日かにわたって行われた。

▼早追　急用の際、昼夜兼行で駕籠をとばした使者。

3

印旛沼疎水工事

三方領知替に失敗した老中水野忠邦による懲罰策ともいわれる、
印旛沼の疎水工事が庄内藩に命じられた。
何度か試みられいずれも失敗したものだったが、今回も中断されることに。

懲罰的な普請手伝い

天保十四年（一八四三）六月、幕府による天保の改革の施策の一つとして下総国（千葉県）南部に位置する印旛沼の疎水工事を行うことにし、庄内藩など五藩に普請手伝いを命じた。周囲一八里・面積三八七〇町歩と利根川流域最大の湖沼である印旛沼を疎水工事のうえ干拓して、水害を防止するとともに新田開発することを目的とするものであった。すでに八代将軍徳川吉宗の享保時代（一七一六～三六）や老中田沼意次の安永・天明年間（一七七二～八九）にも企てられたが、いずれも失敗に終わっていたので、今度で三度目の工事であった。疎水工事は、印旛沼の新川口より検見川の海岸に至る三里二八町に及んで、掘床幅一〇間の疎水を開削するものであった。

開削予定地は地形に変化があって、工事の難易も一様でなかった。工事を課された五藩はそれなりに理由があって懲罰的なものであった。

　庄内藩の場合、工事間数は横戸村より柏井村（いずれも千葉市花見川区）までの一一〇〇間（約二キロメートル）で、鳥取藩（松平家）の六〇〇間に次ぐ短さであったものの、予算額は一一万七〇五〇両で、もっとも多額であり、もっとも困難な区域を担当するものであった（表7参照）。これは、長岡転封中止の件など、老中水野忠邦が庄内藩の前藩主酒井忠器に対して悪感情を抱いていて、そのための報復的な課役であった（『鶴岡市史』上巻）。

　藩では直ちに総奉行竹内八郎右衛門・副奉行都筑十蔵以下の印旛沼掛役人を選任し、また現地に人足二、三〇〇〇人を収容する人夫小屋を建設した。そして七月七日には領内より、鍛冶・大工等の諸職人を混えた郷人夫二〇〇人が発足し、同二十日到着し、早くも同二十三日に工事が始まった。同十一日に第二陣、同十三日に第三陣が出立し、それぞれ二十三日と二十六日に到着した。そのうえ、追加である追登りの者が八月八日に出立し、同二十日に到着したので、八月下旬には庄内からの郷人夫は一〇〇〇名を超え、それに地元雇いの人夫も八月下旬に三〇〇〇人以上となったので、最多の頃には

表7　5藩の工事分担

	石高　藩主	工事分担区域	間数	予算金高／一間当り予算
一の手	駿河国沼津５万石 水野出羽守忠武	神村平戸村地内より 横戸村地内まで	4,400間 掘床10間	63,144両余／14.3両
二の手	出羽庄内鶴ヶ岡14万石 酒井左衛門尉忠発	横戸村地内より 柏井村地内まで	1,100間 掘床10間	117,050両／106.4両
三の手	因州鳥取32万石 松平因幡守慶行	柏井村地内より 花嶋村まで	600間 掘床10間	61,500両／102.5両
四の手	上総国見淵１万石 林播磨守忠旭	花嶋村地内より 畑井村地内まで	2200間 掘床10間	40,000両／18.1両
五の手	筑前国秋月５万石 黒田甲斐守長光	畑井村地内より 海手処まで	1,200間 掘床10間	10,000両／8.3両

（注）『鶴岡市史』上巻より

総勢五三〇〇人に及んだ。

工事の開始にあたり、幕府の「定書」をうけて、庄内藩は工事に従事する者に対して六カ条★の条目を申し渡した。

大勢の人足を使用しての工事であったが、予想以上に難工事であり、なかなか進捗しなかった。しかも、真夏の酷暑の中、小屋(飯場)の衛生状態も悪く、八月中旬頃より痢病・傷寒などの伝染病が発生し、病死者も出るほどであった。

九月に入ると郷人夫たちは、すでに稲刈りや稲上げなどの農繁期になり、間もなく年貢米を取り拵える時節にもなるので、百姓たちは落ち着かない気持ちになっているとして、工事が完成しなくても帰村させてほしいと、出役中の大庄屋を介して願い出たが、藩としては幕府より命じられた工事であり、予想以上の難工事で経費も増大していたものの、何としても完成させる必要があったので、農民たちを庄内に戻しては工事に支障が出ることが予想され、許可しなかった。

工事中止と御用金・才覚金

ところが、天保の改革が行き詰まり、同年閏九月十三日に水野忠邦が老中を罷免されて、天保の改革が中止となったことから、幕府は閏九月二十三日に五藩の工事手伝いを免じて、一旦は幕府の直営とした。それも間もなく中止となった。

▼庄内藩の申渡六カ条

一、みだりに竹木を伐り取ったり、田畑の作物を踏み荒らすことを禁じる。

二、明ヶ七ツ時(午前四時頃)に拍子木を打ち法螺貝を吹くのを合図に、一同起床し、順々に朝食を摂り、六ツ時(午前六時頃)に小屋(飯場)を出て仕事場に揃うこと。

三、太鼓を合図に順々に仕事にとりかかること。

四、四ツ時(午前十時頃)、九ツ時(正午頃)、八ツ時(午後二時頃)に休憩になるが、その際も法螺貝を吹いたり、太鼓を打ったりして知らせる。

五、人足は持場の善悪などを言い立ててはならない。

六、仕事場でみだりに大小便をしてはならない。

なお、終業時刻や就寝時刻については言及がない。

早速、庄内からの郷人夫たちは帰国の準備を始め順次帰国★した。郷人夫には当然賃金や登り下りの道中の旅籠銭等が支給された。それについて川南・京田通の場合

一、金三百五拾両　　京田
　　内弐百九拾両　渡方
　残六拾両　　正金上納
（「帰国勘定方色々控帳」鶴岡市郷土資料館、阿部太郎左衛門家文書）

というように、郷人夫の賃銭や役人手当などを合わせると、農民たちに与えられるのは金二九〇両であったが、それに対し御用金などの名目で京田通村々に割当られた分が金三五〇両であり、差引すると、村々ではなお金六〇両を上納する必要があった。つまり、得た賃金などよりも藩へ上納する分のほうが多かったことになる。

庄内藩は印旛沼疎水工事の費用として、七月中頃に、鶴岡一五〇〇両、酒田二〇〇〇両、郷中二〇〇〇両、合わせて五五〇〇両の御用金を課した。

また、同時に才覚金を町在の有力商人・地主に依頼した。鶴岡が風間幸右衛門二〇〇〇両など四三九〇両、酒田が本間正七郎三五〇〇両など七三〇〇両、郷中

▼帰国
第一陣の出立は五日後の閏九月二十八日であったし、二陣は十月二日、三陣は同四日であった。帰国した農民たちはホッとする間もなく農作業に追われることになったはずである。

が一二五〇両であった。ほかに越後の市島家より五〇〇〇両借用し、合わせて一万八〇〇〇両ほどであった。

御用金・才覚金を合わせて二万三六〇〇両を工事費として予定していた（千葉市史編纂委員会編『天保期の印旛沼掘割普請』）。

工事が中途で中止となったので、才覚金の一部は返却されたが、御用金のほうは上納されたままになったとみられる。

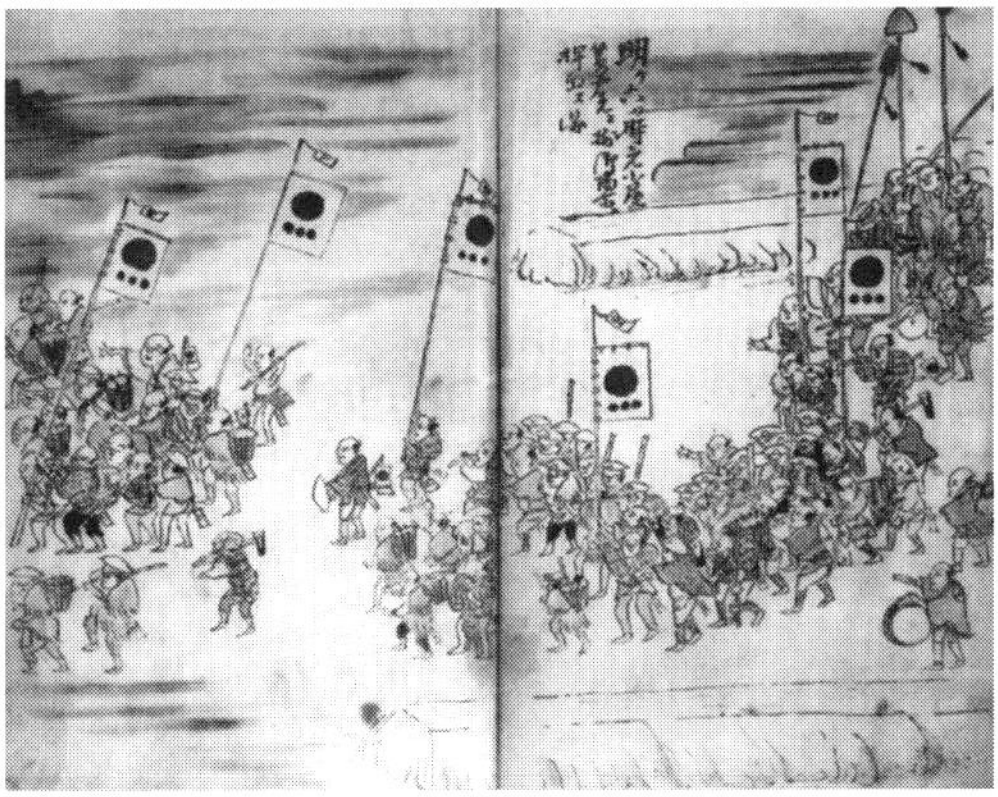

毎朝、隊列を組んで普請場へと向かった
（久松俊一氏蔵『続保定記』より）

度々の郷人夫派遣でも間に合わず、江戸で人足を雇い入れたが、彼ら「黒鍬」の働きぶりは目を瞠るものであった
（久松俊一氏蔵『続保定記』より）

④ 庄内藩の預地と大山騒動

庄内藩にはいくつもの天領があった。代官支配に代えて天領を幕府から預かり、幕府に代わり徴税するが、農民にとっては代官支配の方が生活しやすかった。天保の改革中止により再び庄内藩預地が発令され、大きな騒動になった。

庄内藩の預地

大山騒動は庄内藩の預地になることをめぐって、主として庄内天領で起こった百姓一揆である。そこで庄内藩の預地についてまず述べておこう。

十七世紀半ば以降、庄内のうちに天領があったことから、歴代藩主は第六代の忠温を除いて、一〇名が年数の長短や預地高の相異はあれ、領地とともに天領をも預地として支配した（表8参照）。

初代藩主忠勝の弟で左沢藩主の酒井直次が寛永八年（一六三一）に嗣子なく死去したことから、村山郡左沢領（西村山郡大江町・朝日町など）一万二千石は上《じょう》知《ち》★とされて天領となったが、一カ年ほどは本藩庄内藩の預地となった。

左沢領はその後間もなく、肥後・熊本藩主だった加藤忠広が庄内藩に預けられたことに関わって、庄内藩に与えられた。その後、創設された支藩松山藩の飛び

▼上知
領地を幕府に返還する。

▼私領渡し
天領となっている領地が大名・旗本に与えられるもの。

▼堪忍料
生活費。

地領となった。

　元和八年（一六二二）の最上家改易に伴い、由利郡（秋田県）には小大名領や旗本領が設定されたのであったが、そのいくつかが無嗣などを理由に断絶となったため、寛永九年から庄内藩の預地となった。寛永十五年頃には一時高が一万二千石ほどにのぼったが、一万石が生駒家に私領渡し★となったので、同十七年以降は二千石程度に減じた。

　前述のように寛永九年突如改易となり庄内藩に預けられた加藤忠広は、庄内の丸岡村（鶴岡市）に謫居《たっきょ》★した。その際、堪忍料《かんにんりょう》★として忠広に左沢で一万二千石のうちから一万石が与えられることになったが、庄内藩の要望により庄内の丸岡領（一万石）と交換になった。

　丸岡領の支配は忠広の在世時から庄内藩に委任されていたが、承応二年（一六五三）に忠広が死去すると、上知となり天領に編入されたものの、庄内藩の預地とされたので、庄内藩の支配が続いた。

　五代将軍徳川綱吉の治政のもと、幕府は大名預地を廃

表８　庄内藩（酒井家）の預地

預地期間	西暦	預地領名	預かり藩主
寛永８年～寛永９年	1631—1632	左沢領	忠勝
寛永９年～承応２年	1632—1653	由利領	忠勝、忠当
承応２年～元禄２年	1653—1689	由利領、丸岡領	忠当、忠義、忠真
元禄９年～正徳３年	1696—1713	余目領	忠真
享保14年～寛保２年	1729—1742	越後天領	忠真、忠寄
寛保２年～寛延２年	1742—1749	越後天領、丸岡領、余目領、大山領（一部）	忠寄
寛延２年	1749	越後天領、丸岡領、余目領、大山領、由利領	忠寄
明和６年～天保13年	1769—1842	大山領、丸岡領、余目領、由利領	忠徳、忠器
弘化１年～元治１年	1844—1864	大山領、丸岡領、余目領、由利領	忠発、忠寛、忠篤
慶応４年２月～９月	1868	村山天領	忠篤

止する方針をとったことから、それまで続いてきた由利領及び丸岡領に対する庄内藩の預地支配は元禄二年（一六八九）で一旦打切りとなって、幕府代官の支配に移された。

ところが、元禄九年に分領であった余目領（五千石）で三代領主忠盈が夭折したので断絶となり、上知のうえ天領に編入されたが、本藩庄内藩の預地となった。

天領支配のたびたびの変更

新井白石らが主導した〝正徳《しょうとく》の治《ち》★〟で幕府は再び大名預地を廃止する方針をとったので、正徳三年（一七一三）に余目領に対する預地支配は打切りとなり、幕府代官の支配となった。

八代将軍徳川吉宗は大名預地を復活させたので、享保十四年（一七二九）に越後国蒲原・岩船両郡にある天領四万七千石余が庄内藩の預地となった。ところが、寛保二年（一七四二）に至り、預地の一部一万三千石余が白河藩（福島県）松平家に私領渡しとなったので、代わりに庄内天領のうち丸岡・余目両領と大山領の一部、合わせて一万五千六百石余も庄内藩の預地に加えられた。さらに、寛延二年（一七四九）に大山領の残りと由利領、合わせて一万三千石余も庄内藩の

▼正徳の治
六代将軍・七代将軍の時の政治・経済改革。

預地にされた。

直後の同年九月に第五代藩主忠寄が幕府の老中に就任したので、慣例により越後及び庄内の預地はすべて返還された。その際、預地村々は代表者を江戸に送って、幕府に預地の継続を歎願したが叶えられなかった。

近世後期の明和六年（一七六九）になって庄内天領（大山領・丸岡領・余目領）全部と由利領、合わせて二万九千石余が庄内藩の預地となった。途中、文化十二年（一八一五）に私領同様取扱いが許された。その後、天保二年（一八三一）に由利領の大部分千八百二十八石余が矢島領（生駒家）に私領渡しとなったので、由利領はわずか二カ村・高四百六十石余に減じた。

前述のように、天保十一年に庄内藩酒井家の越後・長岡への転封が命じられたが、主として庄内領民の反対運動により翌十二年に転封中止となったことについて責任をとって天保十三年に藩主酒井忠器は隠居し、嫡子忠発《ただあき》が新藩主となった。その際、慣例により預地支配の継続の件を伺い出たところ、継続が認められなかった。幕府は天保の改革でおいおい大名預地の廃止の方針をとっていたとはいえ、やはり老中水野忠邦による報復的な措置の一つとみられる。庄内・由利天領は幕府・尾花沢代官大貫次右衛門の当分支配となった。

ところが、天保十四年閏九月に幕府の天保の改革が中止となったことから、翌十五年二月に庄内・由利天領を再び庄内藩の預地とすることが申し渡された。五

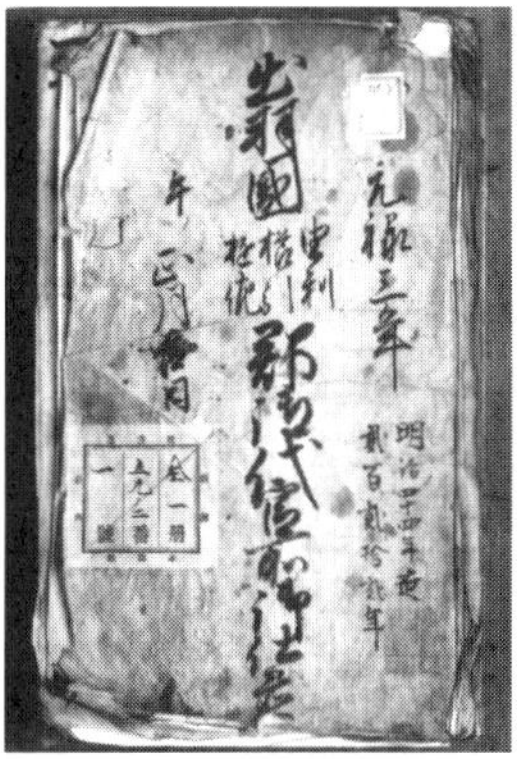
丸岡・由利領を支配していた寒河江代官、小野朝之丞時代の五人組帳（酒田市立光丘文庫蔵）

ヵ年という年季預地であった。

それに対し、天領村々の多くが大貫代官の支配の継続を望んだことから、ついに大山騒動が起こることになった。

大山騒動

庄内・由利天領が再び庄内藩の預地になることは、庄内には天保十五年（一八四四）二月十二日に伝わった。それによれば四月二十八日に郷村及び諸書類などが大貫代官の大山役所役人より庄内藩側に引き渡されることになっていた（『大山町史』）。それらの件はなぜか天領村々には直ちに通達されなかったようである。大山役所としては何か思惑があったのであろうか。それでも噂の形で数日のうちに天領村々に伝わった。

大貫代官の支配に結構満足していた天領領民たちは再び庄内藩預地となることに大いに不満であった。そのため二月十二日の数日後には、大貫代官の支配の継続を求める運動が始まることになった。

二月十七日には、大山村（鶴岡市）村役人の指図により、同村で天領の郷宿を勤めている丑太郎と三右衛門が各組の年番名主に廻状を出し、庄内・由利天領が再び庄内藩の預地となることを、御仮屋宿を勤める八郎治（田中姓）が知らせてきたので、大山村の郷宿に来てほしい旨を要請した。御仮屋宿というのは、大貫代官が大山に滞在する際宿舎を勤めるものであったとみられる。それだけに、逸早く情報を得ることができたと思われる。なお、庄内藩とは異なり、天領には大庄屋が置かれていなかった。代わって天領では数カ村ないし十数カ村で一つの組合村をつくり、その組合村の代表を原則各名主が一年交代で勤めるところの年番名主が置かれ、さらにその上の役として数名の惣代名主が置かれていたが、大貫代官の方針で惣代名主は廃されて、当時は一一組に一一名の年番名主がいるだけであった。そのため、今回も各組の年番名主を招集したものである。

天領領民の反対運動

二月十七日の時点で、すでに大山村以外の各組でも年番名主を中心に名主らが寄り合っていろいろ相談を始めたようである。大山村に隣接する村々よりなる大山領大山郷八カ村組（鶴岡市）でも寄り合って相談したうえで、同日付で「密談議定誓書之事」という文書を作成していた。そこでは、再び庄内藩預地にされるという風聞があり、驚いて大山役所に問い合わせたところ、間違いないということなので、それでは天領村々が存続できないことになり、そこで八カ村の者が寄り合って協議した結果、永く大貫代官の支配にしてもらうように歎願することに決定し、たとえどのような事態となってもやりぬくことにして、その件についてては一切口外しないことを誓約していた（『三川町史』上巻）。

すでに二月十八日までに大山村の村役人たちは郷蔵に本部を置いて預地反対の運動を行おうとしていた（佐藤幸夫『大山騒動史』）。大山役所も置かれていて、大山村が天領の中心だったからである。

庄内藩より天領村々に預地となることが正式に布達されるのは二月二十三日頃のことであった。もっと早く出されていたが、年番名主らによって廻状が途中で留められていた可能性もある。

大山村村役人と天領各組年番名主が集まって、本部である大山村郷蔵で初めて寄合を開いたのは二月二十日のことであり、この時江戸表へ歎願することを申し合わせた。そのため各村々から村役人・小前一同の印判を集めた。三年ほど前に行われた長岡転封反対の運動が手本となった（同前）。

まず二月二十三日に歎願書が大山役所に提出されたが、三日後の二十六日に下げ戻された。今度のような場合、大山役所には全く権限がなく、受理することはできなかったためとみられる。

右の歎願に並行して江戸訴願の計画が進められた。訴願者の人選は、年番名主を除いて、天領のうち弁論と胆力を備えた者をという方針のもと、大山村名主俊司以下六名が選ばれた。ただ、余目通の代表二名が親の大病を理由に急遽江戸行きを中止したので、訴願の第一陣として江戸に登ったのは四名にすぎなかった。のちに余目通からは別の二名が加わることになる。

三月三日の夜、大山村の城山（太平山）に天領の領民が大勢が集まった。そして、三月前半に庄内・由利天領村々は再度大山役所に歎願書を提出した。そこでは、幕府代官の支配が継続することを歎願していることはもちろん、四月二十八日の郷村・諸文書等の引渡しには、年番名主たちは出席しないと断っていた。

三月十六日には大貫代官が常駐していた尾花沢代官所に歎願書を提出するために出立した。年番名主連名のものであった。ただ、秘密にはされていたが、大貫代官は三月十二日に尾花沢で死去していたことから、代官所側では歎願書を受け取っただけに終わったはずである。

江戸訴願から百姓一揆へ

江戸訴願のため同地に赴いたのは、第一陣から第三陣まで、合わせて一七名であった。中心となったのは大山村名主俊司と下川村（鶴岡市）名主太郎兵衛であった。初めて訴願したのは三月二十日で勘定奉行戸川播磨守に対してであった。

四月二日に、払田村（庄内町）名主与左衛門の倅与助と善阿弥村（三川町）名主金蔵の二人が再び勘定奉行戸川播磨守に駕籠訴した。しかし、戸川は訴状を受け取らず、二人はその場で捕らえられ、のちに大貫代官の江戸役所に引き渡された。同五日には老中土井大炊頭に対しても駕籠訴した。やはり訴状は受け取られず、間もなく大貫代官江戸役所へ引き渡された。いずれものちに宿屋に戻された。

三度とも訴願が失敗したので、それ以上の訴願をあきらめ、代表たちはそのまま庄内に戻った。

代官所に対してや江戸での訴願が成功しないこともあり、国元では、四月十一日に天領村々に対し、大山村酒屋加賀屋弥左衛門の起案になる「無名の廻状」★が廻され、江戸の訴願が成功しつつあるとしながら、四月二十八日の引渡しを実力で阻止することを表明して、全領民が大山村に集結することを呼びかけた。

訴願運動から実力での阻止をめざすところの百姓一揆といった様相に変化していった。

右の呼びかけに応じて、大山村や周辺の村々から、四月二十六日朝から領民が集まり始めて、定められた部署についた。庄内藩では渡し場止めなどを行って、大山村に天領領民が向かうのを阻止しようとしたが、それにもかかわらず、大勢の農民が大山に集結した。その人数は四〇〇〇人に及んだといわれる。二十七日の夕方から二十八日にかけて、大山村全体が殺気に包まれ、一揆は最高潮に達した。

そんな中で、大山役所の役人と庄内藩役人の間で会談がもたれ、当日の引渡し

▼無名の廻状
差出人が特定されないように、差出人の名前が記載されていない廻状。

の件は延期と決定した。あくまで引渡しの一時延期ということであったが、一揆に参加した領民たちは、一揆が成功し引渡しが完全に中止となったのであり、幕府代官の支配が継続されると考えて、大いに喜びあい、帰ったうえで酒や餅などで祝った村もあったほどであった。

かくして大山騒動は鎮静したが、大山騒動の中心地大山村に対する鶴ヶ岡や庄内藩領の人々の批難が強まったのであり、大山村などの商品を買わないと申合せをする動きがあった。

過酷な事後処理

そして七月十一日に関東取締出役の者たちなどが大山村に到着し、大山村村役人らをはじめ首謀者たちの捕縛を始め、本部であった大山村郷蔵を牢屋にして入牢させた。八月になって、各村から一人ずつの証人を出させて入牢させた。牢番は村々の村役人に交代で勤めさせた。

本格的な取調べは、鶴ヶ岡から約二〇里離れた、米沢藩預地の越後国塩野町（新潟県村上市）に幕府評定所役人の大森善次郎・木村敬蔵の両人が出張して行われた。塩野町には、まず八月二十一日に一揆の首謀者とみられた人たちが送られ、その後次々と呼び出されて、十月末までに三〇〇〇人を超えた。

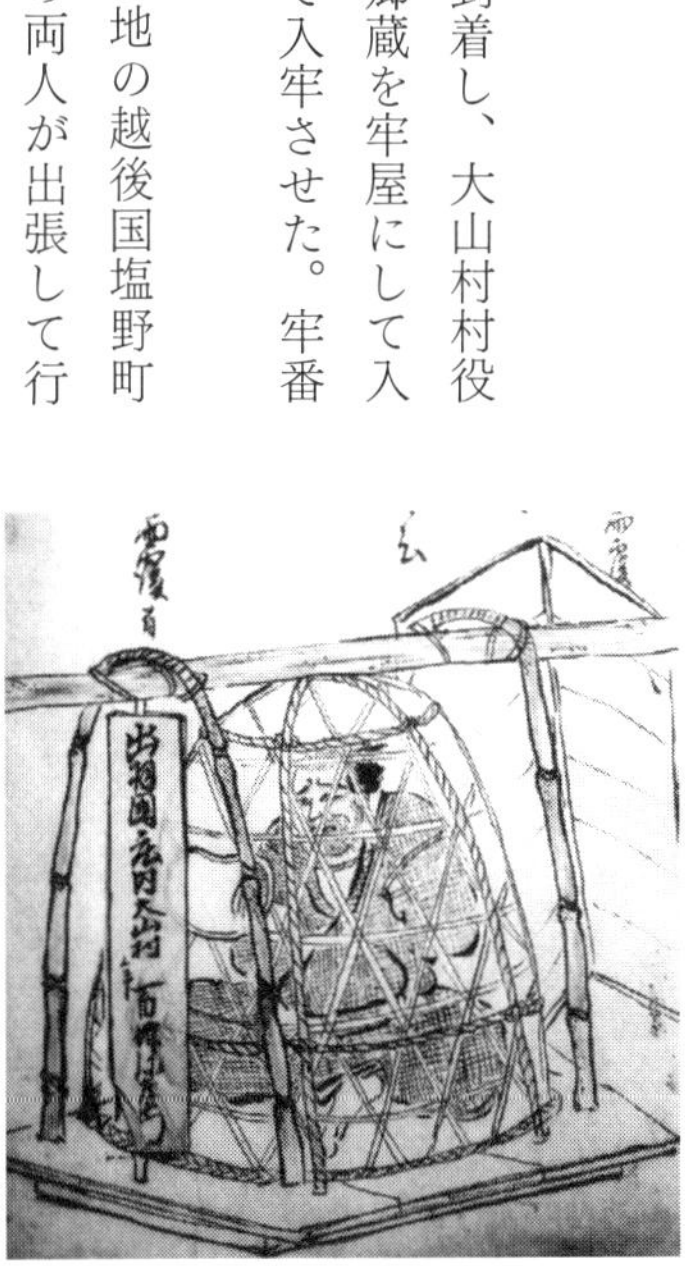

大山騒動の首謀者とされた加賀屋弥左衛門は重罪人として江戸へ移送され牢死した（久松俊一氏蔵『保定記』より）

ちょうど稲刈りや米作りという農繁期に当たっていたので、村々では歎願書を提出して宥免を願い出たが、受け入れられなかった。取調べは厳しく自殺者も出るほどであった。

取調べは十一月十四日で終了し、一揆の指導者のうち重罪人と判定された五人は江戸送りとなったが（いずれものちに牢死）、それ以外の者で二四人は鶴ヶ岡に戻され、半数は上肴町（本町三丁目）の溜牢《たまり》に入れられた。

取調べが終了したので、十一月十七日に庄内・由利天領七三カ村・高二万七千石余は改めて庄内藩に引き渡されて、正式に預地となった。四月末の引渡し予定からは半年余りの遅れということになる。

一揆関係者に対する処分は、江戸で牢死した五人を除き、弘化三年（一八四六）閏五月十一日と同十三日の二回に分けて尾花沢代官所で言い渡された。処罰は三千五百余人に及んだ（『大山騒動史』）。

大山騒動の背景

かくも多数の領民に多大の影響を及ぼした大山騒動であるが、庄内藩の預地を忌避しようとした理由は何であったろうか。天領領民の主張では三点ほどあった（『山形県史・近世史料』2）。

大山騒動で獄死した五人の供養碑

第一に、庄内藩は天保飢饉の時にも、預地農民の窮状を考慮することなく、藩が幕府に上納するよりも二倍〜四倍の高い値段で石代金納させていたことである(拙著『近世幕領年貢制度の研究』)。年貢のことであり、天領農民にとってはゆるがせにできない問題であった。

第二に、文化十二年(一八一五)より私領同様預地の時に、庄内藩では大山村の特産である酒に対する役銭をはじめ諸物品にも役銭をかけたし、大工・木挽・葺師など農間渡世の諸職人に対しても役銭をかけたが、大貫代官の支配になるとそれらの役銭が免除されたことである。これらの多くは幕府の天保の改革によるとみられるが、天領領民は幕府代官の支配を評価することになった。

第三に、庄内藩の預地の時には、天領村々と庄内藩領村々で境論などの争論が起こって、天領側に理があっても、庄内藩領側に有利となるような不公平な取扱いがあったし、庄内藩家中の者が釣り・鳥捕え・遊山などに際し天領村々の田畑などに踏み込んだりすることもしばしばあり、それを見咎めたりすると、逆に打《ちょう》擲《ちゃく》などの暴力を受けることも何度かあり、それらを預地役所に訴えてもまともに取り上げてくれないというように、天領領民は種々不公平な取扱いがされてきたことである(『三川町史』上巻)。

右のことを背景にして、大きな百姓一揆が発生したといえる。

幕末庄内藩の預地

大山騒動のために遅れていたが、ようやく天保十五年（一八四四）十一月に再び庄内藩の預地支配が実際に始まった。五カ年季の通常預地であった（服藤弘司『大名預所の研究』）。通常預地の場合、預地に対する諸施策は基本的に幕府勘定所の指示はもとより承認・許可が必要となる。

庄内藩では、以前天保十三年まで使用していた城下鶴ヶ岡を貫流する内川の川端のうち元長泉寺前（泉町）に預地役所を復活させ、主役以下の預地役人を駐在させて、預地支配にあたらせた。その場合、私領同様預地ではなく、通常預地だったことから、基本的には大貫代官の時の支配を引き継ぐ形がとられた。

大山騒動の直後であり、預地役人たちは預地村々に対し、かなり柔軟な支配を心懸けたように見受けられる。

弘化三年（一八四六）に大山村年寄に大滝三郎が就任するが、以後事実上天領の郡中惣代の役を果たすようになった（拙著『天領大山村の村役人』）。

嘉永元年（一八四八）で五カ年季の年季明けとなるので、同八月に年季切替えが許されて、引き続き五カ年季の預地となった。

ところが、年季途中であったのに、嘉永三年十二月に無年限での私領同様取扱いが許された。文化十二年（一八一五）の時に次いで二度目のことであった。

これにより、それまで行われていた年貢米の江戸廻米や松前藩に払い下げる松前渡米が中止となり、代わって領内加茂浦（鶴岡市）の廻船問屋たちに年々払い下げる「加茂廻米」となった。もっとも年貢の大半は石代金納であった。年貢米として納入されるのは本年貢の四分の一程度であった（拙著『近世幕領年貢制度の研究』）。

そして、元治元年（一八六四）八月に庄内・由利天領二万七千石余が庄内藩に加封された。これは前年文久三年に庄内藩に新徴組百六十余名が委ねられたし、江戸市中取締りが命ぜられたことに対するもので、これによって庄内藩は十七万石格を許された（『荘内史年表』）。

旧天領村々は庄内藩領に編入されるとさまざまの要望をしたが、中でも、石代金納の存続とともに「一手」取扱いを強く要望した。名称は変わったとしても従来の預地役所を存続させて、そのもとで以前のように旧天領村々がまとめて支配されることを望んだものであった。

しかし、一手取扱いの要望は認められず、翌慶応元年三月までに「組分け」と称して、旧天領村々は庄内藩の八組のうちに分属されたのであり、例えば旧大山領村々は一部越石の村を除き、大半が京田通大山組となったし、旧丸岡領丸岡四カ村はうち三カ村が櫛引通青竜寺組に属し、残る一カ村が同通島組に属した。

石代金納の存続の要求も、元治元年度のみ許可されただけで、以後許可されず、慶応二年（一八六六）以降本領と同様皆米納となった。

以上にみるように、旧天領村々の要望の多くは認められず、「本領並み」化が急速に進められていったのであった（拙著『庄内近世史の研究』第二巻）。

第六章　幕末期の庄内藩

蝦夷地警護や江戸取締りなど、幕府に忠節を尽くした。

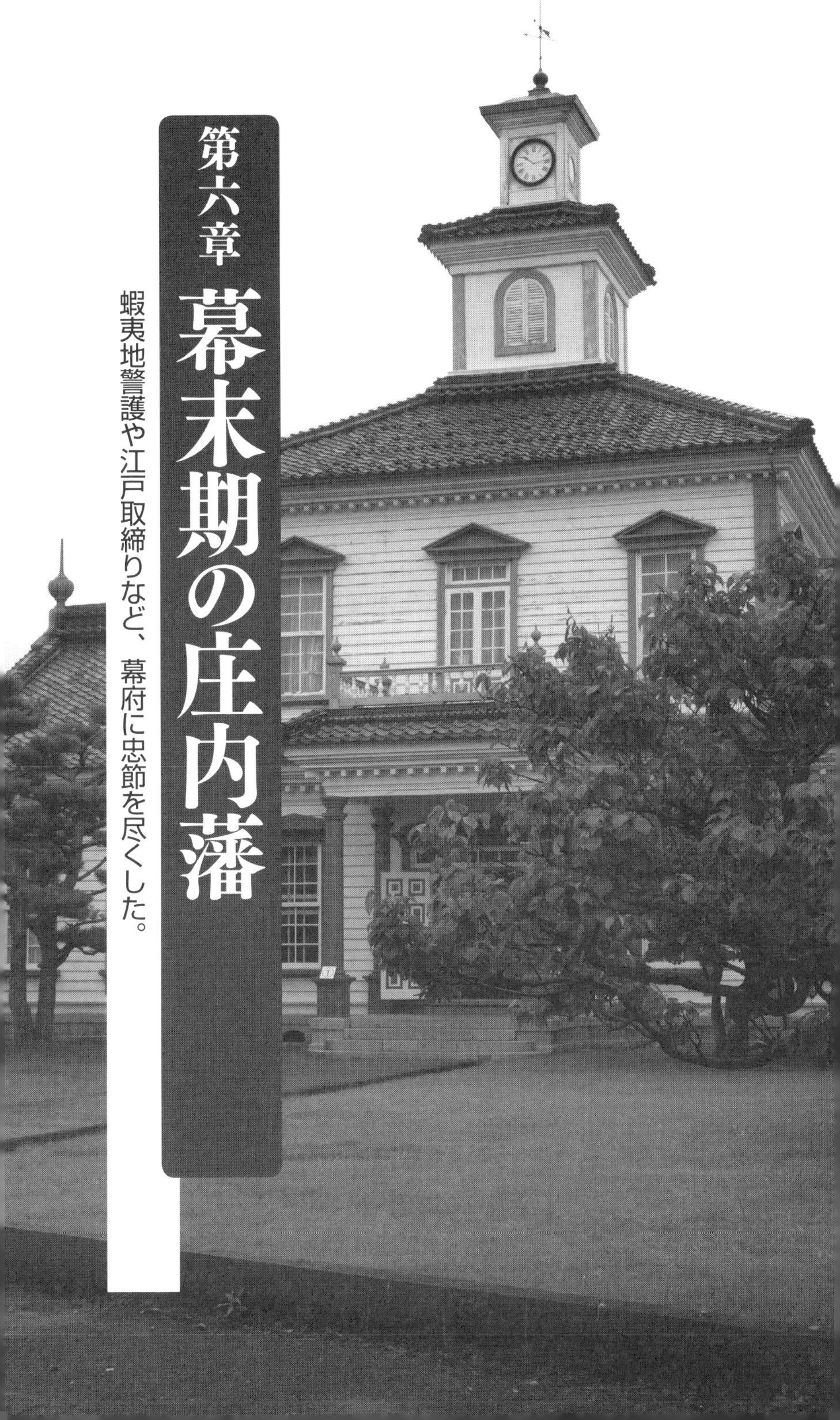

① 異国船の出没

十八世紀後半から、異国船が日本近海に出没するようになると、庄内藩にも蝦夷地警護や品川沖の御台場守備の命が発せられ、藩は品川や蝦夷地に多くの家臣を派遣した。

蝦夷地派兵と庄内海岸の防備

十八世紀後半に入ると、欧米の船舶が日本の近海に出没することが多くなった。それに伴って、日本国内では国防の必要が説かれるようになるが、殊に寛政四年（一七九二）にロシアの使節ラックスマンが通商を求めて根室に来航すると、幕府は沿海諸大名に海岸防備の強化を指令するとともに、幕府自らも江戸の防備に努めようとした。また老中松平定信は蝦夷地防備策を立てた。

庄内藩でも右の指令をうけて、この年吹浦（遊佐町）・今泉（鶴岡市）・鼠ケ関（同前）の三カ所に外国船見張番所を設置し、人数を配置して万一に備えることにした（『鶴岡市史』上巻）。

享和二年（一八〇二）に、幕命によって実施された伊能忠敬の出羽・越後海岸及び街道の測量も北辺防衛の準備の一環であった。

エトロフ島などに侵入したロシア船がしばしば乱暴をはたらいたので、幕府は蝦夷地全体を直轄地にするとともに、すでに派兵していた南部・津軽両藩に増兵を命じたばかりでなく、秋田・庄内二藩にも出兵を命じた。

そのため庄内藩は文化四年（一八〇七）六月三日に物頭加賀山龍治・同興津儀右衛門など三二五人の部隊を五隻の雇船に分乗させて派遣した。十日あまりして箱館に到着し、直ちに福山（松前）に赴き、同所の警備にあたった。

しかし、心配されたロシア人の南侵の兆候がなかったことから、八月晦日に任務を解かれ、庄内に帰ったのは九月十五日のことであった（同前）。

一八四〇年代後半になると再び異国船の出没がしきりとなった。嘉永元年（一八四八）四月十六日に飛島（酒田市）沖に異国船が現れたという注進を受けて、庄内藩は足軽二組を派遣した。一組は物頭と足軽二五人・中間二人のほか、諸品持ち人足八一人からなるものであり（『庄内藩農政史料』下巻）、領内村々から物資を

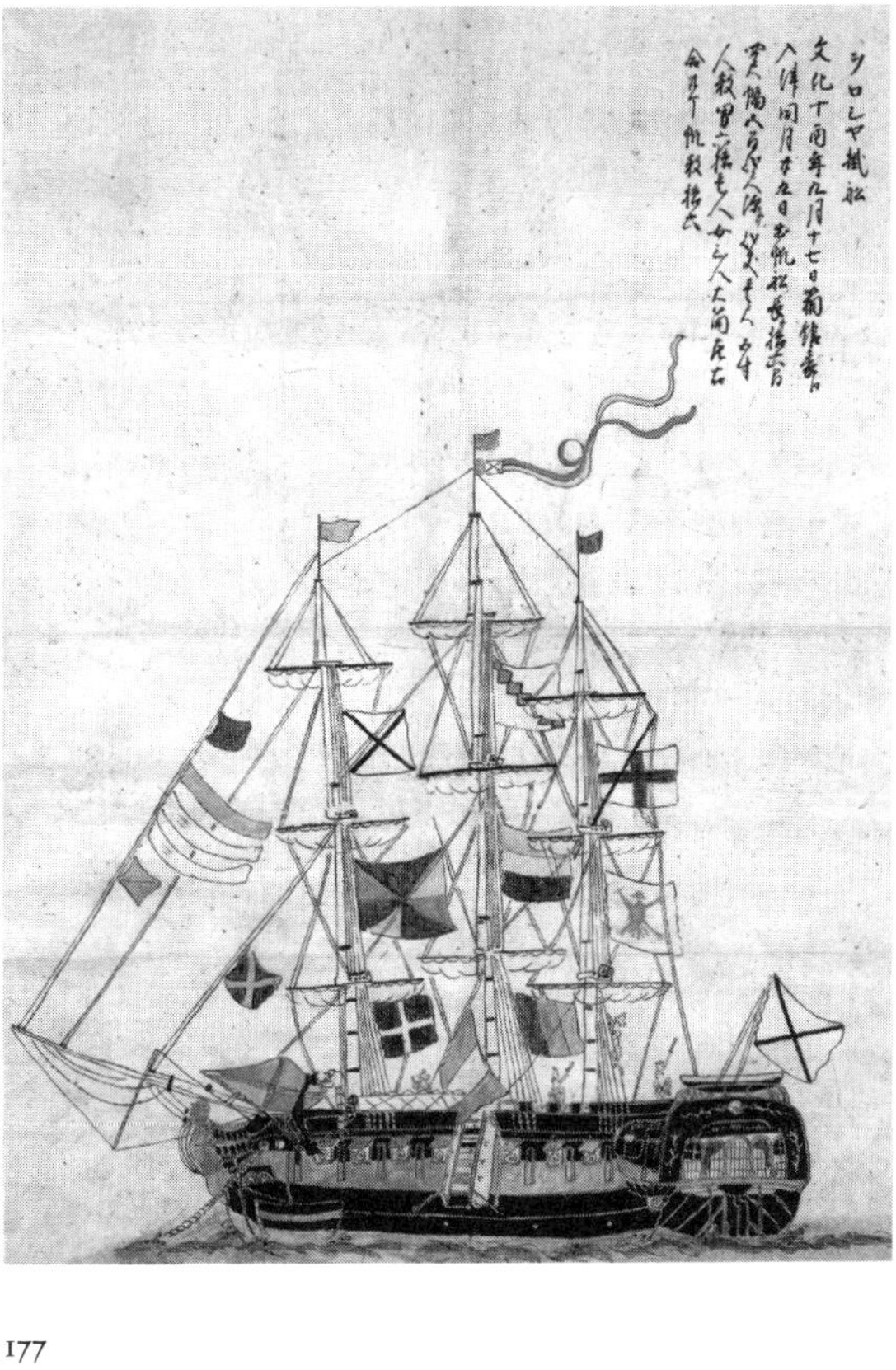

文化十年（一六一二）、箱館に現れたロシア船（本間北曜筆、致道博物館蔵）

持ち運びする人足が徴発された。

嘉永七年三月、庄内藩は庄内海岸を三区域に分け、高楯（鶴岡市）を本陣とし、総兵力一八〇四人をもって防衛する海防計画を立案したし、同年秋には糀山に四五〇〇坪の射的場並びに調練場を設置して、戦闘力の向上に努めた。その工事などに人夫延べ四万人が動員された。翌二年三月には、藩主忠発《ただあき》による浜通海岸巡視が行われ、海岸防備のために村々に郷夫を選出することが命じられた。

同四年五月は藩主が自ら与内坂に出馬したうえで実施された大演習は、二三〇〇名も参加して大規模に行われた（『鶴岡市史』上巻）。

品川沖御台場の守備

嘉永六年（一八五三）六月に、ペリー提督が率いるアメリカ軍艦四隻が浦賀に来航し開国を求めた。幕府はペリーの再来に際しての万一に備えるため、江戸湾の品川沖に一一カ所の御台場（砲台）を構築することにし、翌年五月に五カ所の御台場が完成した。同年十一月に、それらの御台場を庄内藩など五藩に命じて警備させた。

五番台場の警備を命じられた庄内藩は、品川海岸に陣屋を建て、船で通って警備にあたった。翌安政二年（一八五五）八月に組頭松平武右衛門を派遣して御台場守備の指揮に当たらせた（『鶴岡市史』上巻）。通勤に船を使用したので、藩は領内で「櫓櫂達者成る者」として水夫一〇人を御台場御用として徴発した（『庄内藩農政史料』上巻）。

それに、藩では御台場を預けられたので陣屋を建設するなどを名目に、領内に御用金・才覚金を課した。御用金は六三〇〇両で村々に割り当てられたし、才覚金は八〇〇〇両であり領内の豪商・豪農に課された。

蝦夷地の拝領と経営

ロシアの南下政策に対して、幕府は蝦夷地の防備の強化、移民開拓による住民の増加が急務であると考え、安政六年（一八五九）九月に幕府直轄地を縮小して奥羽の有力六藩に分与し、警備や開拓にあたらせることにした。

庄内藩の拝領地は西海岸のハママシケ場所・ルルモッペ場所・トママエ場所・テシホ場所の四〇里（一六〇キロメートル）余の海岸線とヤンクシリ・テウレの二島であった。また警備地はスッツ・イソヤ・イワナイ・フルウ、シャコタン・イシカリ・アツタの各場所の約六〇里（二四〇キロメートル）余の海岸線であった。幕府は庄内藩にこのような新しい任務を課す代わりに、品川沖の御台場守衛の任務を免じた。

庄内藩は同年十一月に、亀ヶ崎城代松平舎人を蝦夷拝領地総奉行に、組頭酒井権七郎を副奉行に、郡代高橋省助を同地用懸に任命した。以前から藩内では放逸派と恭敬派という派閥の対立があり、当時放逸派が主流派で恭敬派が反主流派（改革派）であった。元家老の松平舎人は恭敬派に属し亀ヶ崎城代に左遷された人物であったので、蝦夷地の総奉行の役もその延長ということになる。就任を辞退したが許されなかった。

翌万延元年（一八六〇）閏三月に藩は蝦夷地警備向けに領内に御用金一万五〇〇〇両、才覚金三万五〇〇〇両、計五万両の納付を命じた。金額が多額であったので二期に分けて納入されることになった。

拝領地並びに警備地の引渡しは五月中に行われ、蝦夷地用掛になった郡代高橋省助らが受け取った。

藩は松平舎人を総奉行に、家中四五人、徒以下の給人二九人、足軽七六人、そのほか郷夫・職人など合わせて三六七人を現地に派遣した。本陣をハママシケに置き、宿泊施設の建設や開田などにあたった。

十一月に藩は幕府の指示により蝦夷地警備の見込書を提出したが、少ない兵力で長い海岸を防備することは極めて困難なことであった。警備地は樺太も含まれるものであった。

ともかく、万延元年の調査や経験に基づいて蝦夷地の本格的な経営が始まった。

② 幕末の世情

開国・開港により伝染病も流行しだした。コレラ・天然痘の流行に加え、世直しを唱える浪人も徘徊し、物価高騰などにもよる政情不安が続く。

伝染病の流行

開国・開港により、外国人が入国し人々と接するようになったことから、安政五年（一八五八）夏に暴瀉病（コレラ）が流行した。

そこで幕府は治療法を指示し、庄内藩も領内に布達したが、流行病とはするものの、コレラが経口的に侵入する急性の伝染病であるという点に認識が弱かった。同じ八月、庄内藩は別に、コレラが流行しているので、たとえ親類でも病人を見舞ったり病死者の弔いに行って、病人・病死人の近くに寄ったり、接したりしないようにと注意を出していた（『三川町史資料集』第七集）。預地の角田二口村（三川町）では、十月八日に同じく領地の播磨京田村（鶴岡市）の修験宝蔵院に流行病退散の祈禱を頼み、同日村中で「はやり病送り」の行事をしたが、村々での伝染病対策はこの程度のことにとどまったようである。

翌六年夏にもコレラが流行したので、庄内藩では領内の羽黒山・金峯山・月山・鳥海山の四山に、コレラ退散の祈禱を頼んだし、九月には村中で「暴瀉病送り」を行ったうえ、同十三日には村中がお宮参りをして、コレラ退散の念仏を唱えた（『三川町史』上巻）。

天然痘も流行したので、藩では安政六年四月に、種痘をする日を毎月の一日・十一日・二十一日を定日として、鶴岡・一日市町の大庄屋宇治勘助宅で種痘したいという御医師の提案を受けて、町在を問わず希望者に実施した（『庄内藩農政史料』下巻）。

不安な世情

開国・開港、物価の上昇、伝染病の流行などにより、庄内にあっても世の中が急速に変化しつつあることを感じることができたはずである。

そんな中で、世情が不安定化していることの一つの現れとして、庄内でも浪人体の者がしばしば村々にやってきては金銭をねだることがみられた。農民にとれば、刀を差した浪人者がしばしば村に現れて、金銭などを強請されるのは甚だ不安なことであった。

預地角田二口村の名主佐藤善三郎の「手控帳」から安政五、六年（一八五八、五九）頃に浪人の来た時の状況をみると、来る時は一人から四人ぐらいで、毎回銭五〇文から二〇〇文ぐらいを合力として渡していることが知られる。おそらく、名主が村を代表して渡し、のちには村入用の分として処理したと判断される。警察力のない村方にとっては、乱暴などをさせないように、毎回若干の金銭を与えて早々に立ち去ってもらうのが無難だったはずである。もちろん、安政年間ばかりでなく、時代が下るにつれて次第に増加する傾向にあったし、たとえば文久三年（一八六三）五月にも「一、金弐朱　浪人弐人へ合力遣ス、此銭八百文」とあり、一回に与える金銭も多くなっていたようである。浪人のほうでは「世直し」などを口に出して行動を正当化し、強請の度合いが強まったためかと推測される。

右のような事情を通じて、農民たちも幕藩制度の弛み、動揺を感じ取るようになっていたことであろう。

庄内藩では、右のような浪人者への村方の対応について次のように指示していた。すなわち、近年、町在を問わず悪者が徘徊し、押借りのようなことをやっているが、町村とも捕まえることはもちろん、その者の風体や行方などを見届けようとすらしていない。その時その場からいなくなりさえすればよいと考えて、それきりにするからであろう。以来は町村とも近隣と申し合わせて、悪者体の者が来たら大勢が寄り集まって捕らえるように、というのであった（『庄内藩農政史料』下巻)。元治元年(一八六四)二月に再び申し渡しているところをみれば、効果があがっておらず、角田二口村にみられるように、相変わらずこのような者が徘徊して、それなりの金銭を得ていたものであろう。

領民の打寄り

慶応年間(一八六五～六八)は米価の高騰が著しかった。庄内一番値段は毎年十月十三日に立てられた新米の初相場のことであるが、これによれば、安政二年(一八五五)は金一〇両に米二九俵五分、元治元年(一八六四)は同じく十二俵四分であったのに、慶応元年には同じく六俵二分、同二年に二俵八分と騰貴した(『荘内史要覧』)。前代未聞の高値であった。

そのため、元治元年以降、米穀等の他領への移出を禁止するところの「沖止」の申渡しが年々のように出された。慶応二年五月にも申し渡された(『三川町史資料集』第七集)。この場合も、物価が上昇し、殊に米価が格別高騰しているため、町・在郷とも困っていると聞くが、万一当年秋も米作が不作となるとなおさら困ることになるので、作柄の見通しがつくまでの間当分、米・大豆・小豆・雑穀等を、他領に移出することを停止するというものであった。

ところが、六月になって第二次長州戦争が始まると、ますます米価が高騰して、藩では郷方役人に対して、米価高騰のため諸国で農民たちが騒ぎ立てたりしているとも聞くので、大殿（前々藩主）忠発の指示として、庄内でも米価の高騰や郷夫の徴発などで領民が疲弊していることなどから、郷方の取締りや窮民の救済などに意を尽くすように命じていた。

八月になって越後に打ち毀しが起こったという情報が入って、庄内藩では領内に波及することを恐れて、八月三日に急ぎ人数を遣わして、越後からの入り口になる鼠ヶ関口と小国口（いずれも鶴岡市）を固めた。庄内にも波及するような状況があったからであろう。

そして、この年はもっとも気がかりであった米作は不作になった。八月七日夜から翌八日にかけて、東大風・南蛮風★が吹き、作物に大きな被害をもたらしたのであった（『改訂遊佐町史年表』）。

そこで、庄内藩は九月一日に応急対策として、手当米一万三〇〇〇俵を施与《せよ》★したが、領民たちは満足しなかった。

九月二十五日頃に、鶴岡荒町（山王町）下山王社に、米価をはじめ諸物価の騰貴で難渋している人々に向け、藩に歎願するため二十八日同所に打ち寄ることを呼びかける立て札が立てられた。この呼びかけに応えて、困窮した多くの人々が下山王社に打ち寄った。十月一日と同三日にも下山王社での打寄り★があった。

十月初めには、山浜通山中（鶴岡市）の農民の打寄りがあり、同十八日には中

▼東大風・南蛮風
東大風は東からの大風、南蛮風は南からの大風で、いずれも台風の襲来によるものとみられる。

▼施与
ほどこし与える。

▼打寄り
集会。

川通横山組上藤島村（同前）の六所神社境内での打寄りがあった。これらの集会は減税と救済を訴えるものであった（『鶴岡市史』上巻）。

これらの行動の背景には、藩内改革派の家臣の煽動があると噂された。この件は、慶応二年から三年にかけて行われた改革派弾圧事件（大山庄太夫一件）の一因になったと見られている（同前）。

慶応二年九月、十月には農民の打寄りを禁止する旨の通達がしばしば出された。十月九日のものからは、同様の申渡しが何度も出されていることが確認できるとともに、前記の山浜通山中の集会の場合は役人が直ちに駆けつけて、頭取の者四、五人を召し捕り取り調べ中であるとして（『庄内藩農政史料』下巻）、そのような集会には参加する者のないようにと警告していた。

全国的に「世直し」騒動と称される民衆の闘いが展開していたのであり、庄内での領民の打寄りもそのような民衆運動の一環とみることができる。

③ 江戸市中取締りと薩摩藩邸焼打ち

幕末の政情不安のおり、庄内藩に江戸市中取締りが命じられ、
庄内出身の清河八郎にかかわりのある新徴組が藩に委任された。
しかし、薩摩の挑発に乗り、薩摩藩邸焼打ちが起こり、時代は動く。

江戸市中取締り

文久二年（一八六二）八月に、出府していた薩摩藩の島津久光が帰国の途につき、行列が生麦村（横浜市）を通過中、行列の前を横切った騎馬のイギリス人のうち一人を殺害し、二人を傷つけるという生麦事件が起こった。

翌三年三月にその賠償金の交渉のためイギリス艦隊が神奈川に来航した。万一に備えて庄内藩でも家中の嫡子《ちゃくし》や二、三男の屈強な武士二一名を急遽江戸に登らせた。強硬な薩摩藩は拒否したが、幕府はイギリスの圧力に屈し賠償金一〇万ポンドを支払った。薩摩藩も同年七月の薩英戦争により賠償金を支払った。

同年四月、幕府は江戸防衛のため、庄内出身の志士清河八郎の建策によって組織された浪士隊の新徴組百六十余名を庄内藩に委任した。藩では直ちに組頭松平権十郎をはじめ物頭二人に組下を付属させて急派した。権十郎は間もなく中老に

昇進し新徴組御用掛に任じられた。

この頃江戸市中は浪士体の者の押借りや暴行等が頻発し、治安が乱れており、江戸の庶民は安心して暮らせない状況であった。しかも、四月には清河八郎が江戸赤羽で刺客に暗殺されたし、八月には庄内と縁の深い国学者鈴木重胤《しげたね》が江戸小梅の自宅で殺害された。そこで幕府は十月に庄内藩をはじめとする一三藩に市中警備を命じた。そのため藩では十二月中に藩士の嫡子、二、三男や徒《かち》など二百数十名を出府させた。

元治元年（一八六四）三月に武田耕雲斎《こううんさい》・藤田小四郎ら水戸浪士の筑波山挙兵があり、庄内藩はその討伐に参加したい旨を願い出て許可された（『鶴岡市史』上巻）。

同年四月に菅実秀が江戸留守居に任ぜられた。十二歳の幼主を擁し、佐幕派の中老松平権十郎と菅実秀《すげさねひで》の両人が藩の実権を握って、幕末期の混乱期に処することになったといわれるが（同前）、藩内には公武合体に好意を抱く者もあり、未だ藩論が佐幕派の立場で統一されていたわけではなかった。

文久三年八月十八日の政変で京都での地位を失墜した長州藩は、翌元治元年六月に三家老が兵を率いて上京して、七月に会津・薩摩両藩の兵と蛤御門付近で戦って敗北するという禁門の変が起こった。八月三日に幕府は長州征討を発令した。

清河八郎

それに先立ち、幕府は七月二十五日に庄内藩に対し、江戸麻布の長州藩邸の接収を命じた。翌二十六日に総大将松平権十郎以下の藩士たち及び新徴組五〇人、小林登之助以下門弟三〇人(のちの大砲組)は砲数門をもって長州邸を包囲し、幕命を伝え藩邸の引渡しを通告し、交渉が成って平和裏に接収することができた。

同年八月に幕府は前年来の江戸取締りの功に対し、前述のように庄内・由利天領二万七千石余を加封し、新徴組隊士を家臣同様に付庸することを命じ、次いで二十一日長州征討の旗本先鋒を命じた。そこで庄内藩は藩士をはじめ領内からの郷夫らまで多数を江戸へ登らせた。

ところが、水戸地方に水戸浪士軍の動きがあり、江戸市中警備も大事であったことから、幕府は庄内藩の従軍を免じ、江戸市中の取締りを命じた。庄内藩は征長のため出府していた兵力を三手に分け、新徴組、大砲組も加わり、昼夜市中の巡回警備に努めたので、江戸市中の治安はよく保たれ、江戸の庶民からは大いに感謝された。

薩摩屋敷の焼打ち

進展していた薩長の討幕運動は徳川慶喜の慶応三年(一八六七)十月の大政奉還によって一時的に押し留められたが、討幕派は討幕の密勅を得たので、薩摩藩は武力討幕のための開戦のキッカケを作るため、多くの浪士を薩摩藩邸に扶養し、相楽総三ら浪士隊を使って、江戸並びに関東各地に騒擾を起こさせて幕府を挑発した。江戸では十月頃から強盗が横行していた。

十二月十三日に江戸城二の丸が炎上したが、これも彼らの仕業と噂された。庄内藩では江戸市中巡回に努めていたが、二の丸火災の日の夜、三田の庄内藩巡邏兵屯所に不意に発砲した三〇人ばかりの暴徒のうち二人を捕らえて、調べてみると、二人が何れも薩摩藩ゆかりの者で、浪人ではあるが明白に薩摩藩の回し者であることが判明した。

幕府はこのような挑発を極力避けてきたが、次第に激しくなる薩摩藩の行動を看過できなくなった。

特に家老に昇進していた庄内藩の松平権十郎が薩摩藩邸攻撃を主張した。もし攻撃しないのであれば、江戸市中の見回りも無意味であるとして、庄内藩は市中取締りの役目を辞退するであろうと主張し、薩摩藩邸攻撃の幕府決定を促進したといわれる。

幕府決定が十二月二十四日に行われると、翌二十五日早朝に庄内藩兵約一〇〇〇名を主力として、それに支藩松山藩、上山藩、前橋藩らの諸藩の兵力千余名を加え、

豊斎国輝筆錦絵「薩摩屋敷焼打ちの図」（鶴岡市郷土資料館蔵）

薩摩藩及び支藩佐土原藩の両藩邸を包囲し砲火をあびせて焼打ちした。

薩摩藩邸にいた一五〇名ほどの浪士は出撃して、三〇名ほどの薩摩藩士は一方を切り開き脱走し、品川沖に碇泊中の同藩汽船に乗って西走した。双方合わせて数十人の死傷者が出た（『鶴岡市史』上巻）。

薩摩藩邸焼打ちにより庄内藩は江戸で大きな評判を得たが、実際には薩摩藩の計略に乗ってしまったわけで、薩摩藩に関東攻めの口実を与えたのであり、庄内藩が朝敵とされることになった（佐藤三郎『庄内藩酒井家』）。

また薩摩江戸屋敷焼打ち事件は大坂城に滞在中の幕府首脳に伝えられた。城中では一挙に討薩論を主張する強硬派が台頭し、将軍慶喜らもこれを抑えることができなくなり、遂には討薩という決定となった。上表《じょうひょう》を朝廷に奉《たてまつ》り★、翌日兵を率いて京に上り、幕府は薩摩藩と決戦を挑むことになった。京都南郊での鳥羽伏見の戦いである。しかし、幕府側の敗戦となり、結局は幕府の崩壊となっていくが、庄内藩らの薩摩屋敷焼打ちがを直接の発端となったのであった。

江戸市中取締りと薩摩藩邸焼打ち

▼上表を朝廷に奉る
朝廷に意見書を提出する。

4

丁卯の大獄（大山庄太夫事件）

藩内にも大きな派閥抗争があった。その一つが丁卯の大獄。
藩主を廃立しようとした改革派が次第に力を失い、
藩論統一のために犠牲になり、藩は佐幕に傾いていくことになる。

藩主忠発廃立の動き

作家藤沢周平の「海坂藩」ものには派閥抗争が重要な背景となっている。「海坂藩」のモデルとなっている庄内藩でも各時代に派閥やその抗争があったと思われるが、典型的な派閥抗争で多くの流血をみたり、一方による他方の断罪が行われた騒動としては、すでに取り扱った「酒井長門守一件」と、これから述べる「丁卯《ていぼう》の大獄（大山庄太夫事件）」の二つがあげられよう。

「丁卯の大獄」の一方の立役者は第九代藩主の酒井忠発《ただあき》であった。忠発は八代藩主忠器《ただかた》の長子であり、天保の三方領知替が主として庄内藩領民の反対運動から中止となったことの責任をとって父忠器が天保十三年（一八四二）四月に隠居したことから、代わって藩主に就任したもので、すでに三十一歳であった。

忠器隠居当時の執政の陣容は、家老が松平甚三郎・酒井奥之助・水野内蔵丞の三人であり、中老が酒井吉之丞・竹内右膳・松平舎人の三人であった。このうち、酒井奥之助・同吉之丞・松平甚三郎は藩主家の分家であり、松平舎人は甚三郎の分家であったので、六人のうち四人が藩主家の一族であった。特に両酒井家は両《りょう》敬家《けいけ》★と称され、発言力が強かった。

前藩主忠器は両敬家や松平舎人らを信頼していたが、忠発に対する忠器や重臣たちの信頼は薄かったのであり、そのため忠発の家督に就くのが遅れたといわれる（『鶴岡市史』上巻）。信頼が薄かった理由は明らかではないが、忠発が佐幕派的な考えを持ち、保守的で藩政改革などに熱意を示さなかったことが推測される。また、そこには放逸派と恭敬派の対立も内包されていたようである。

そのため忠発が藩主になった直後から、酒井奥之助・同吉之丞・松平舎人等は忠発を廃立し、支藩松山藩酒井家の分家で幕府の旗本酒井忠明を代わりに立て、同じく分家で旗本の酒井大膳を後見とするべく画策したが、忠発の知るところとなって、忠明は捕らえられ松山藩に預けられて長く牢に入れられることになった。この陰謀でもっとも活躍したのが江戸留守居の大山庄太夫であった。同人は長岡転封阻止事件に際して奔走して転封阻止に成功したうえでの功績は大きく、忠器の信任は厚く、加増を重ねて知行三百五十石（うち役料百石）となった。

両敬家や大山庄太夫らの動きは隠居忠器の内意を反映したものとの推測もできる（同前）。

▼敬家
敬われる家。

忠発廃立の動きはその後も続いた。弘化元年（一八四四）頃には忠発の弟酒井忠中（忠器三男）を擁し、やはり分家の酒井大膳を後見役にしようとしたが（『新編庄内人名辞典』）、忠中が弘化二年八月に二十五歳で病死したので計画は再び頓挫した。

忠発を信頼せず、たびたび廃立を計画するような重臣たちに対し、忠発もまた信頼を寄せず、処分などを考えていたはずであるが、隠居忠器の健在中は容易には実現できなかった。重臣たちは忠器の存命のうちに忠発を何とか廃立しようとした。それでも、年月の経過とともに状況に変化が生じてきた。忠発の新しい側近勢力が形成されると、次第に重臣たちの勢力は失われていった。嘉永元年（一八四八）には家老に昇進していた酒井吉之丞が辞任・隠居したし、同三年には大山庄太夫が江戸留守居役から用人に転じ、同四年に酒井奥之助が家老を罷免された。このように改革をめざす反忠発派は相次いで藩政の中心から身を引くことになった。

そんな時期にあって改革派に期待されていたのは忠発の二男で世子忠恕《ただひろ》であり、できるだけ早く同人が藩主の座に就くことが望まれていた。忠恕は嘉永六年十一月に将軍家定に初見の礼を取り摂津守に任じられたので、それを機会に奥之助・吉之丞・舎人らは忠発の隠退、忠恕の家督相続、酒井大膳の後見を実現し、藩政改革の断行を求める陳情書を幕府・老中の阿部伊勢守に提出した（『鶴岡市史』上巻)。幕府の威光によって藩主の交代と藩政の改革を遂行しようとしたものであったが、実現できなかった。また忠恕は前年五年に土佐藩山内家より瑛(藩主豊信の義叔母)を妻に迎えており、豊信(容堂)をも後ろ楯に藩政改革を実現しようとしたともいわれる(『新編庄内人名辞典』)。ところが、嘉永七年三月に隠居忠器が六十五歳で病死した。改革派にとって最大の後ろ楯を失ったことになる。早速、同年六月には改革派の先鋒であった大山庄太夫は用人を免じられた。しかも、忠恕は安政四年(一八五七)に庄内下向中に病のため二十歳で急逝した。病気は流行していた痲疹であったが、死因については奇怪な流言もあった。改革派の期待はまたまた挫折したのであった。

改革派としての公武合体派

庄内の改革派は二つの方向から形成されていった。

淡路出身の国学者鈴木重胤は、秋田の熱狂的な尊王思想家で著名な国学者平田篤胤に直接指導を受けるために秋田に赴いたことを契機に庄内、特に領地大山村の年寄役で酒造家大滝光憲(三郎)との深い関係が結ばれたことから七回も来庄したのであり、その熱烈な尊王思想が庄内にも伝えられ、照井長柄(町医)・広瀬厳雄(米商)らの門人も存在していた。彼らは佐幕派の立場に固執する庄内藩の方針にあきたらなく思うようになっていた。

他方は、庄内藩士で江戸詰となって同地に滞在したり、あるいは江戸に遊学していて、その間に広く世界の事情を知り、政局の動向に関心を抱いた者たちであった。用人上野直記、服部毅之助、赤沢隼之助、深瀬清三郎、池田駒城等があげられる（『鶴岡市史』上巻）。

上野直記（三百石）は天保十四年（一八四三）に相続し、嘉永三年（一八五〇）十月に江戸定府を命ぜられ、万延元年（一八六〇）に用人となった。生来学問を好み、漢学に秀で、子弟の教育にもあたったが、江戸在勤中は旗本や他藩の子弟の教育を行った。嘉永・安政の激動期に江戸に住み、交友が広く、天下の動向にも通暁していた。尊王精神に厚く、公武合体論を支持し、大山庄太夫とは懇意な間柄であった。嘉永六年に改革派が老中阿部伊勢守に提出した陳情書は直記の起草であった。

服部毅之助は恭敬派の学者大瀬準次郎の高弟で、改革派に加わっていて、江戸在勤中に勝安房の門に入り西洋兵学を修めた人物であったし、赤沢隼之助（八十石）は御台場詰を経て安政六年（一八五九）に藩命によって幕府の海軍操練所に入所し、軍艦操練訓練にあたった。また勝塾で蘭学を学び、江川塾★で砲術を学んだ。洋学を学んだ服部や赤沢らは国元の佐幕一辺倒の政策に批判的であり、大山庄太夫らと結びつくことになったし、また反佐幕ということで庄内の国学を学ぶ

▼江川塾
江川太郎左衛門（幕府の洋学者・砲術家。伊豆韮山の代官）の塾。

者とも結びつくことになった。

丁卯の大獄（大山庄太夫事件）

庄内藩の継嗣問題は酒井忠恕の病死後、改革派が望んでいたという忠発の弟忠《ただ》寛《とも》（忠器の十三男）を養子に定め、安政六年（一八五九）九月に幕府の許可を得た。忠発自身は三男繁之丞を望んだが幼年のため不適当となった。ただ、この頃になると改革派は全く藩政から遠ざけられた。

忠発は文久元年（一八六一）八月に隠居し、家督を忠寛に譲った。忠寛は財政問題等に関心を持っていたように凡庸な人物ではなかったとみられ、酒井右京（吉之丞）・酒井奥之助・松平舎人・大山庄太夫らの改革派は忠寛に大いに期待し、藩政改革を実施し、公武合体の藩是を確立しようと考えたのであった。しかし、翌年文久二年九月に忠寛は麻疹にかかり二十四歳で死去した。

忠寛には妻子がまだいなかったので、忠発の第三子繁之丞（忠篤《ただずみ》）を末期養子として幕府の許可を得た。この際、忠発が藩主再就任の噂もあって、改革派は憤慨したという。

第一次長州戦争が中止となった元治元年（一八六四）末、酒井右京・大山庄太夫らは再び幕府への陳情書を老中稲葉美濃守（忠発の女婿）に提出した。松平権

酒井忠篤（鶴岡市郷土資料館）

酒井忠篤筆「敬天」（個人蔵）

十郎ら藩の幹部と緊密な関係にある人物に対し、藩政を批判した陳情書を提出したとしても無意味なことであり、それればかりでなく、場合によってはかえってマイナスになることであって、客観的情勢を考慮しない暴挙であった。危機感ばかり強かったものの、藩政の中心からはずされていた改革派の幹部は情勢に疎くなっていたのではなかろうか。

慶応元年（一八六五）四月に一度老中を辞していた稲葉美濃守は翌二年四月に再び老中となっていて、たまたま江戸市中警備のため江戸城に登った松平権十郎に対し改革派の陳情の件につき質問したことで、改革派の行動を知った権十郎は衝撃を受けた。

慶応二年は凶作であったことで米価は一層高騰し、前述のように庄内でも九月から十月にかけて、減免などを求めて各地で農民の打寄りがあったが、これらの運動の背後に改革派の煽動があったと噂された。

第二次長州征討が失敗に赴きつつある中で、庄内藩は藩論の分裂等を恐れて、十月二十八日より改革派の逮捕・弾圧を開始した。逮捕は末端からだんだんに首脳たちに及んでいった。十一月九日に大山庄太夫は自宅監禁を命ぜられたが十三日に自殺した。遺体は塩漬けにして仮埋めされた。

逮捕・取調べが進む中で酒井右京・酒井奥之助・松平舎人が首領であることが判明したので、死亡していた奥之助は別にして、慶応三年一月に右京と舎人に謹慎を命じた。舎人は二月五日に自刃した。

九月十一日に処断が下された。改革運動に参加した本人ばかりでなく、家族や親族にも処罰がなされた。主な処罰は次のようであった。

首領として一人生き残っていた酒井右京は安国寺で切腹となったし、同家は千五百石のうち八百石が取り上げられた。上野直記の家は断絶となった。大山庄太夫の遺骸は斬罪となったうえ養子の春治は知行召上げのうえ親類へ押込めとなった。徒《かち》の深瀬清三郎と町医日下部宗伯は死罪となった。永原寛兵衛など四人は永牢となった（『鶴岡市史』上巻）。

十二月になって、前述のように庄内藩が中心となって薩摩藩邸の焼打ち事件を起こしたように、庄内藩内は佐幕派一色となって幕府が瓦解しつつある中で、戊辰戦争に突き進んで行くことになる。

エピローグ

明治初年の庄内藩

戊辰戦争への参戦と敗北を経て、明治初年の大泉藩・大泉県・酒田県（第二次）の頃の庄内や酒井家について若干述べて本書の結びに代えることにしたい。

慶応四年（明治元年）正月三日に鳥羽・伏見の戦いがあったが、旧幕府方が敗れ、前将軍徳川慶喜は江戸に逃げ帰った。同七日、新政府は慶喜追討令を発した。

庄内藩主酒井家にも征討軍を支援すべき旨の勅書が二月八日に届けられた。それに対し、庄内藩は使者を派遣し、慶喜に対する寛典★の恩命を歎願するも受理されなかった。

正月十日の時点での「朝敵」の中に藩主酒井忠篤の名前はなかったのに、二月五日には会津藩と共に庄内藩も追討の対象とされたが、忠篤の罪状は不明確であった。

ところで、先の勅書が届けられた二月八日に、旧幕府より出羽国旧天領（寒河江・柴橋両領）七万四千石余を庄内藩の「預地」とすることが命じられた。

そこで、庄内藩は右の「預地」を受け取って支配するために役人や藩兵を派遣したところ、旧天領である寒河江・柴橋付きの村々を侵したとして、新政府軍によって四月二日に討庄の指令が発せられ

▼寛典
寛大な処置。

たのであった。

仙台藩の配慮で、新政府軍と寒河江・柴橋に派遣されていた庄内藩兵とが衝突する事態はとりあえず回避されたが、新政府軍の討庄の意志は固かったし、庄内藩のほうも「丁卯の大獄」の粛清により藩論が佐幕に統一されていたので、戦闘は時間の問題であった。

庄内藩は国境の守備を固めるため、四月十九日に清川口（庄内町）など三方に藩兵らを派遣した。庄内藩側からは挑戦しないことを決めていたが、四月二十三日に新政府軍が清川口を襲撃したことから、最初の軍事衝突が起こった。かなりの損害を受けたものの、撃退した。

会津戦争に際し、五月三日に会津・庄内両藩に対しての寛大な処置を要求して奥羽諸藩が同盟を結び、北越諸藩も加わった（奥羽越列藩同盟の結成）。

しかし、新政府との交渉が決裂すると、同盟を脱退する藩が相次いだ。庄内藩は脱退した隣藩に対して激しい攻撃を加えたのであり、新庄及び、矢島・本荘・横手（秋田県）を攻略し、秋田城下に迫った。

このような「快進撃」は第一に酒田・本間家が提供する資金により新式銃砲の大量購入が可能だったことによった。

ところが、会津藩の落城後、列藩同盟側は各地で敗北し、九月に入って米沢藩が降伏したので、庄内藩も退却を決めたうえ、同十六日に降伏帰順を決定した。二十五日に庄内藩よりの歎願書を新政府軍参謀黒田清隆が受理したうえで、翌二十六日に鶴ヶ岡に入り藩主忠篤らと会見した。忠篤は直ちに城下禅竜寺に謹慎した。その後、東京の芝清光寺での謹慎となった。二十七日より順次新政府軍が鶴ヶ岡に入り、藩士たちの武装解除に当たった。

十二月十五日に酒井家の家名の存続が許された。忠篤の弟忠宝《ただみち》が家督に就き、岩代国若松（会津若松市）十二万石が与えられることになった。それに対し、大庄屋・肝煎らが主導する転封阻止運動が展開されることになった。

翌明治二年（一八六九）六月に若松に代えて磐城国平（いわき市）に転封を命じられた。

ところが、七月に新政府は七〇万両の献金を条件に庄内復帰を許した。領地は鶴ヶ岡を中心とする田川地方の大半であった。領内全体から調達して三〇万両を上納したところ、残りは免除となった。

領民たちは、戊辰戦争では戦費の割当てはもちろん、農兵・町兵や郷夫として戦争に狩り出されたし、また酒井家の庄内残留のために多額の金銭を課された、その負担は大変重いものであった。

それより先、同六月に版籍奉還となったが、同九月政府の命により庄内藩は大泉藩と改められた。二年後の四年七月に廃藩置県となり、大泉藩は大泉県となって、藩知事の酒井忠宝は免ぜられたし、藩体制も消滅した。八月には兵制改革もあり、藩兵は解散させられた。

十一月に、山形県酒田出張所が廃されたうえで、庄内全体を県域とする酒田県（第二次）が発足した。大参事には前家老松平親懐、権大参事には前中老菅実秀が就任したのをはじめ、県官のほとんどは旧大泉藩士（庄内藩士）が占めた。そこでは新政府の政策・方針には忠実ではなく、旧藩体制の温存をはかることを第一にした県政であったといえる。

すでに藩兵の解体が命じられたにもかかわらず、五年八月から旧藩士による後田山（のちに松ヶ丘と改称）開墾が実施されたが、軍事力の温存をはかることも目的の一つであった。

また、新政府は五年八月に田畑貢租米をすべて金納とすることを許可したが、酒田県は県民に金納の件を通達せず、引き続き現米で取り立てた。当時米価は年々高騰していて、金納にすれば農民に販売に伴う利益が入り、米納のままなら県側が差益を手にすることになる。迷うことなく県は後者を選んだわけである。

六年秋になると、村々からも石代金納を要求する動きが出てきたが、県はそれを許可しようとせず、要求を力で封じようとしたのである。戊辰戦争以来の領民の人的・物的負担は膨大なものであったが、旧藩士出身の県官たちは為政者として「領民」を撫育するという心を持ち合わせていなかったといわざるをえない。彼らは旧藩主酒井家の安泰と自分たちの利益のみ思っていたのであろう。

貢租の金納化を求める動きは他の要求とも結びついて、ついに明治七年からワッパ騒動という形で大きな農民騒動に発展していく。

他方元藩主酒井忠篤は兵部省に出仕し、その後ドイツに留学して、帰国後再び家督に就き、中央での勤務をめざしたが、間もなく、庄内に戻り、菅実秀をはじめとする御家禄派（旧藩主側近保守派）の人たちの後援のもとに大地主・資本家となって諸事業を展開していく。現在に至る酒井家の基盤を築いたのである。

最後に、長い間正当な評価を受けてこなかったワッパ騒動であるが、近年「ワッパ騒動義民顕彰会」が組織され、ワッパ騒動の指導者や参加者を顕彰すべく、広く有志に醵金を呼びかけたところ、多数の応募があって、計画どおりに「農民蜂起一三五周年記念ワッパ騒動義民の碑」を鶴岡市水沢の地に建立することになり、二〇〇九年九月十一日に除幕式が行われることを付記しておきたい。

あとがき

本書を執筆するうえで、大いに参考にさせて頂いた『鶴岡市史』（上巻）の執筆者であり、近世庄内研究の第一人者として尊敬していた故斎藤正一先生（鶴岡工業高等専門学校元教授）と同じに、『庄内藩』という書名の歴史書を出すことができることは大変嬉しいことではあるものの、内容のことを考慮すると面映ゆさも否定できないところである。

もともと、長い間庄内の天領を中心に出羽天領関係の史料を専ら調査・研究してきたのであったが、五年半ほど前に鶴岡市史編纂委員に委嘱され、鶴岡市郷土資料館に勤務するようになると、やはり庄内藩や城下町鶴ヶ岡に関する知識こそが必要とされていることを改めて痛感させられて、遅まきながら庄内藩や城下鶴ヶ岡についての勉強をようやく始めたような状態である。

そんな事情のところ、三年ほど前にひょんなことから『庄内藩』の執筆を引き受けることになった。

実は、地元の地域情報誌に江戸時代鶴ヶ岡で活躍した人物の紹介を連載しているので、その程度の感じで書いていけば、割合短期間に書き上げられると、初めは楽観的に考えていた。

ところが、いざ執筆し始めてみると、庄内藩についての知識が絶対的に不足していることがわかってきたのであり、他に『三川町史』等の執筆も重なっていたことから、書き上げるのに予想よりもはるかに多くの日数を要してしまった。

ただ、鶴岡市出身で庄内藩をモデルにした「海坂藩」ものを多数発表した人気作家の故藤沢周平氏の記念館が鶴岡公園内に来春オープンする予定であり、結果としては好い時期に発刊できるのかなと思っているところも少しはある。

近刊の予定の『古河藩』の執筆者で畏友でもある茨城県古河市在住の歴史家早川和見氏からしばしば励ましのお電話を頂いたことを感謝申し上げます。早川氏や地元の友人たちの激励がなければ発刊が更に遅れた可能性が大いにありました。

最後になりましたが、原稿提出を辛抱強く待って頂いた株式会社現代書館の社長菊地泰博氏には大変ご迷惑をおかけしましたことをお詫びするとともに、このような内容乏しい拙稿を「シリーズ藩物語」の一冊として刊行して頂くことに心から感謝申し上げます。

平成二十一年八月

本間　勝喜

主な参考文献

『雞肋編』上巻・下巻（『山形県史資料篇』第五巻・第六巻、一九六一年）
『大泉紀年』上・中・下（鶴岡市史資料編『荘内史料集』四〜六、一九七八・七九年）
『鶴ヶ岡大庄屋川上記』上・下（『荘内史料集』九・十、一九八四年）
『鶴ヶ岡大庄屋宇治家文書』上・下（『荘内史料集』十一・十二、一九八二・八三年）
『山形県史・近世史料2』（一九八〇年）
鶴岡市史編纂会『荘内史年表』（一九五五年）
同　『荘内史要覧』（一九八五年）
同　『図録庄内の歴史と文化』（一九九六年）
同　『鶴岡市史』上巻（一九六二年）
斎藤正一・佐藤誠朗『大山町史』（大山町史刊行委員会、一九六九年）
『酒田市史　改訂版』上巻（一九八七年）
『山形県史』第二巻・第三巻（一九八五年・八七年）
『三川町史』上巻（二〇〇九年）
『道形史』（道形町史刊行実行委員会、二〇〇八年）
『新編庄内人名辞典』（庄内人名辞典刊行会、一九八六年）
大瀬欽哉『城下町鶴岡』（庄内歴史調査会、一九八五年）
斎藤正一『庄内藩』（吉川弘文館、一九九〇年）
佐藤三郎『庄内藩酒井家』（東洋書院、一九七五年）
同　『酒田の本間家』（中央書院、一九八七年）
黒田傳四郎『やまがた幕末史話』（東北出版企画、一九七八年）
佐藤幸夫『大山騒動史』（大山騒動史刊行会、一九九二年）
桜井昭男『黒川能と興行』（同成社、二〇〇三年）
小野寺雅昭「近世前期庄内藩家老について」（『山形史学研究』第三十号・三十一号、（一九九七・九八年）
本間勝喜『近世幕領年貢制度の研究』（文献出版、一九九三年）
同　『出羽幕領支配の研究』（文献出版、一九九六年）
同　『近世前期羽州幕領支配の研究』（文献出版、一九九七年）
同　『庄内近世史の研究』第一巻〜第四巻（庄内近世史研究会、一九八八年〜九八年）
同　『江戸時代の庄内を彩った人たち』（東北出版企画、二〇〇八年）
同　「近世前期庄内藩『御家中』の田地保有と手作」（『東北公益文科大学総合研究論集』第十二号、二〇〇七年）
同　「藩政期鶴岡の御用商人疋田多右衛門家」（『山形史学研究』第三十七号、二〇〇七年）
同　「近世前期庄内藩の上方廻米」（『山形史学研究』第三十六号、二〇〇六年）
同　「近世中期城下町鶴ヶ岡の豪商小野田吉右衛門家」（『東北公益文科大学総合研究論集』第十一号、二〇〇六年）
同　「近世中期庄内藩の『勝木平助』事件」（『山形県地域史研究』第三十一号、二〇〇六年）
同　「庄内藩御家中に転身した豪商」（『山形近代史研究』第十八号、二〇〇九年）

協力者

致道博物館　本間家旧本邸
鶴岡市郷土資料館　鶴岡市観光物産課
鶴岡市教育委員会　酒田東高等学校

本間　勝喜（ほんま・かつよし）
昭和十九年（一九四四）鶴岡市に生まれる。
高校・短期大学等の教員を経て現在、鶴岡市郷土資料館勤務（鶴岡市史編纂委員）。
主な著書　『近世幕領年貢制度の研究』『出羽幕領支配の研究』『近世前期羽州幕領支配の研究』（以上、文献出版）『出羽天領の代官』（同成社）、『江戸時代の庄内を彩った人たち』（東北出版企画）。
現住所　鶴岡市鳥居町二五－三　郵便番号九九七－〇〇二三

シリーズ藩物語　**庄内藩**

二〇〇九年九月二十日　第一版第一刷発行
二〇二三年七月十五日　第一版第三刷発行

著者――本間勝喜
発行所――株式会社　現代書館
東京都千代田区飯田橋三－二－五　郵便番号　１０２－００７２
電話　０３－３２２１－１３２１　ＦＡＸ　０３－３２６２－５９０６　振替　００１２０－３－８３７２５
発行者――菊地泰博
組版――デザイン・編集室　エディット
装丁――中山銀士＋杉山健慈
印刷――平河工業社（本文）東光印刷所（カバー、表紙、見返し、帯）
製本――越後堂製本
編集協力――黒澤　務
校正協力――岩田純子

 ISBN978-4-7684-7116-6

http://www.gendaishokan.co.jp/

江戸末期の各藩

松前、**八戸**、七戸、黒石、**弘前**、**盛岡**、**一関**、**秋田**、亀田、本荘、秋田新田、仙台、松山、**新庄**、**庄内**、天童、長瀞、**山形**、上山、**米沢**、米沢新田、相馬、福島、**二本松**、**三春**、**会津**、**守山**、棚倉、平、湯長谷、泉、**村上**、黒川、三日市、**新発田**、村松、三根山、与板、**長岡**、椎谷、**高田**、糸魚川、松岡、笠間、宍戸、**水戸**、下館、結城、**古河**、下妻、府中、土浦、麻生、谷田部、牛久、大田原、黒羽、烏山、喜連川、**宇都宮・高徳**、**壬生**、吹上、**足利**、佐野、関宿、高岡、佐倉、小見川、多古、一宮、**生実**、鶴牧、久留里、大多喜、請西、飯野、佐貫、勝山、館山、岩槻、忍、岡部、**川越**、沼田、前橋、**伊勢崎**、館林、高崎、吉井、小幡、安中、七日市、飯山、須坂、**松代**、**上田**、**小諸**、岩村田、田野口、**松本**、諏訪、**高遠**、飯田、金沢、荻野山中、**小田原**、**沼津**、小島、田中、掛川、**相良**、横須賀、浜松、富山、加賀、**大聖寺**、郡上、高富、苗木、岩村、加納、大垣、高須、今尾、犬山、挙母、**岡崎**、西大平、西尾、**三河吉田**、**田原**、大垣新田、尾張、**刈谷**、西端、長島、**桑名**、神戸、菰野、亀山、津、久居、鳥羽、宮川、彦根、大溝、山上、西大路、三上、膳所、水口、丸岡、勝山、大野、**福井**、鯖江、**敦賀**、小浜、**淀**、新宮、田辺、紀州、峯山、宮津、田辺、綾部、山家、園部、亀山、福知山、柳生、柳本、芝村、郡山、小泉、櫛羅、高取、高槻、麻田、丹南、狭山、岸和田、伯太、豊岡、出石、柏原、篠山、尼崎、三田、三草、明石、小野、姫路、林田、安志、龍野、山崎、三日月、赤穂、鳥取、若桜、鹿野、**津山**、勝山、新見、岡山、庭瀬、足守、**岡田**、岡山新田、浅尾、備中松山、**鴨方**、**福山**、**広島**、広島新田、高松、丸亀、多度津、西条、小松、今治、松山、**大洲・新谷**、**伊予吉田**、**宇和島**、徳島、**土佐**、土佐新田、**松江**、広瀬、母里、浜田、津和野、岩国、徳山、長州、長府、清末、小倉、小倉新田、**福岡**、**秋月**、**久留米**、柳河、**三池**、蓮池、唐津、**佐賀**、**小城**、鹿島、大村、島原、平戸、平戸新田、**中津**、杵築、日出、**府内**、臼杵、**佐伯**、森、**岡**、熊本、熊本新田、宇土、人吉、延岡、高鍋、佐土原、飫肥、薩摩、対馬、五島（各藩名は版籍奉還時を基準とし、藩主家名ではなく、地名で統一した）

★太字は既刊

シリーズ藩物語・別巻『白河藩』（植村美洋著、一六〇〇円＋税）

シリーズ藩物語・別冊『それぞれの戊辰戦争』（佐藤竜一著、一六〇〇円＋税）